W0045486

# RÜCKKEHR ZU DEN AHNEN

# RÜCKKEHR ZU DEN
# AHNEN

## DIE GESCHICHTE DER ABORIGINES
## VON BARROW POINT

ERINNERT VON ROGER HART,
AUFGESCHRIEBEN VON JOHN B. HAVILAND
MIT ILLUSTRATIONEN VON TULO GORDON

Aus dem Amerikanischen
von Pociao und Roberto de Hollanda

FREDERKING & THALER

Originaltitel: Old Man Fog and the Last Aborigines of Barrow Point

© 1998 by the Smithsonian Institution Press, Washington D.C.
© 1999 für die deutschsprachige Ausgabe
Frederking & Thaler Verlag, München
in der Verlagsgruppe Bertelsmann GmbH
Alle Rechte vorbehalten

Illustrationen: Tulo Gordon
Übersetzung: Pociao und Roberto de Hollanda, Bonn
Lektorat: Irene Rumler, München
Gestaltung und Realisation: Büro Caroline Sieveking, München
Umschlaggestaltung: Monika Neuser, München
Karte: Margret Prietzsch, Mammendorf
Reproduktion: PHG Lithos, Martinsried
Druck und Bindung: Grafische Kunstanstalt & Verlag
Jos. C. Huber KG, Dießen, Ammersee

Printed in Germany

ISBN 3-89405-404-2

Umwelthinweis:
Das Papier wurde aus chlorfrei gebleichtem Zellstoff hergestellt
und enthält keine Aufheller. Die Einschweißfolie – zum Schutz vor
Verschmutzung – ist aus umweltfreundlicher und recyclingfähiger
PE-Folie.

# INHALT

VORWORT von Noel Pearson 10

DANK 15

»WILLST DU MEINE SPRACHE AUFSCHREIBEN?« 19

TEIL 1
DIE GESCHICHTEN VON BARROW POINT 25
Hopevale und Hope Valley 27
Wurrey 38
Fog besucht Guraaban 42
Der riesengroße Dingo Dog 45
Die Geschichten: Besitz und Moral 50
Vom Erdboden verschluckt 57

TEIL 2
BARROW POINT 61
Barrow Point um die Jahrhundertwende 63
Bush Tucker 80
Yiithuu-warra 85
Das Stachelschwein 97
Nganyja 100
Zauberei 108
Das Problem der »Mischlingskinder« 112
Von Barrow Point nach Cape Bedford 123
Abendrot 129
Der Regenwald-Python von Cape Melville 131

TEIL 3
DIASPORA 133
Die Barrow Point People besuchen den Süden 135
Die zweite Wanderung nach Süden 144
Point Lookout 149
Flucht aus Wawu Ngalan 153

Die Rache des Missionars 155
Exil 162
Roger Hart in der Cape-Bedford-Mission 167
Kriegszeiten 170

TEIL 4
RÜCKKEHR NACH BARROW POINT 177
Iipwulin 179
Beim Lausen 189
Am Strand von Barrow Point 194
Wurreys Geist 201
»Alle sind sie weg« 202
Thunder und Fog 207
Unser Lager in Uwuru 211
Fogs Rache 228

NACHWORT
BARROW POINT IN DEN 90ER JAHREN 233

Glossar 236

Anmerkungen 239

Bibliographie 265

Register 267

Für zwei Cousins, Tulo Wunba Gordon, thawuunh, bubu-gujin,
binaal-gurraay-baga, und Lizzie Confin Jack, ngathu
warra ngamu, die von Anfang an dabei waren,
doch zu früh von uns gingen, um das Buch zu sehen.

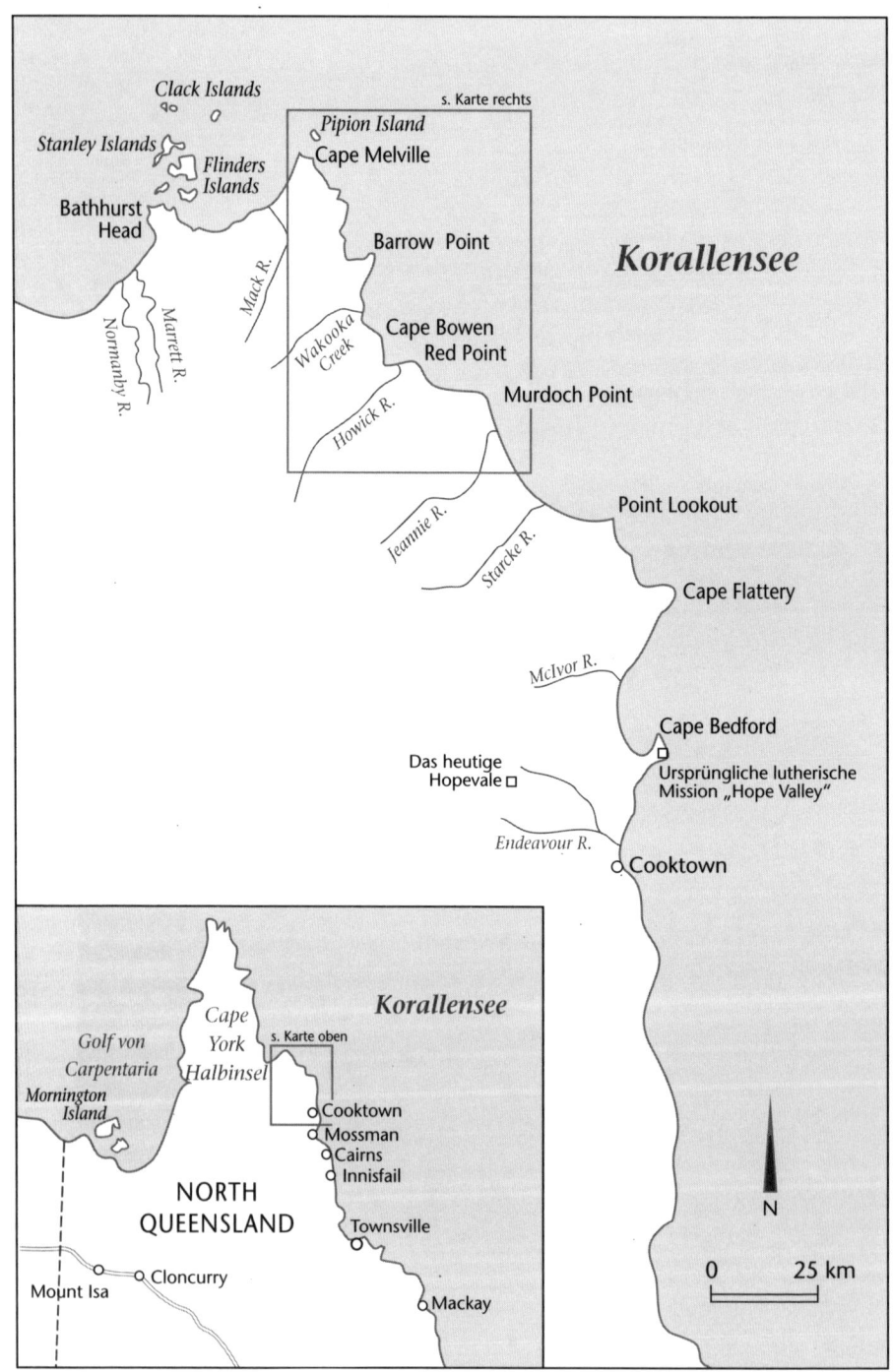

Clack Islands

Stanley Islands

Flinders Islands

Bathhurst Head

Pipion Island
Cape Melville

s. Karte rechts

Barrow Point

Cape Bowen
Red Point

Murdoch Point

Mack R.

Wakooka Creek

Howick R.

Normanby R.

Marrett R.

*Korallensee*

Point Lookout

Jeannie R.

Starcke R.

Cape Flattery

McIvor R.

Cape Bedford

Das heutige
Hopevale □

Ursprüngliche lutherische
Mission „Hope Valley"

Endeavour R.

Cooktown

*Korallensee*

Cape York Halbinsel

s. Karte oben

Golf von Carpentaria

Mornington Island

Cooktown
Mossman
Cairns
Innisfail

NORTH QUEENSLAND

Townsville

Mount Isa

Cloncurry

Mackay

N

0        25 km

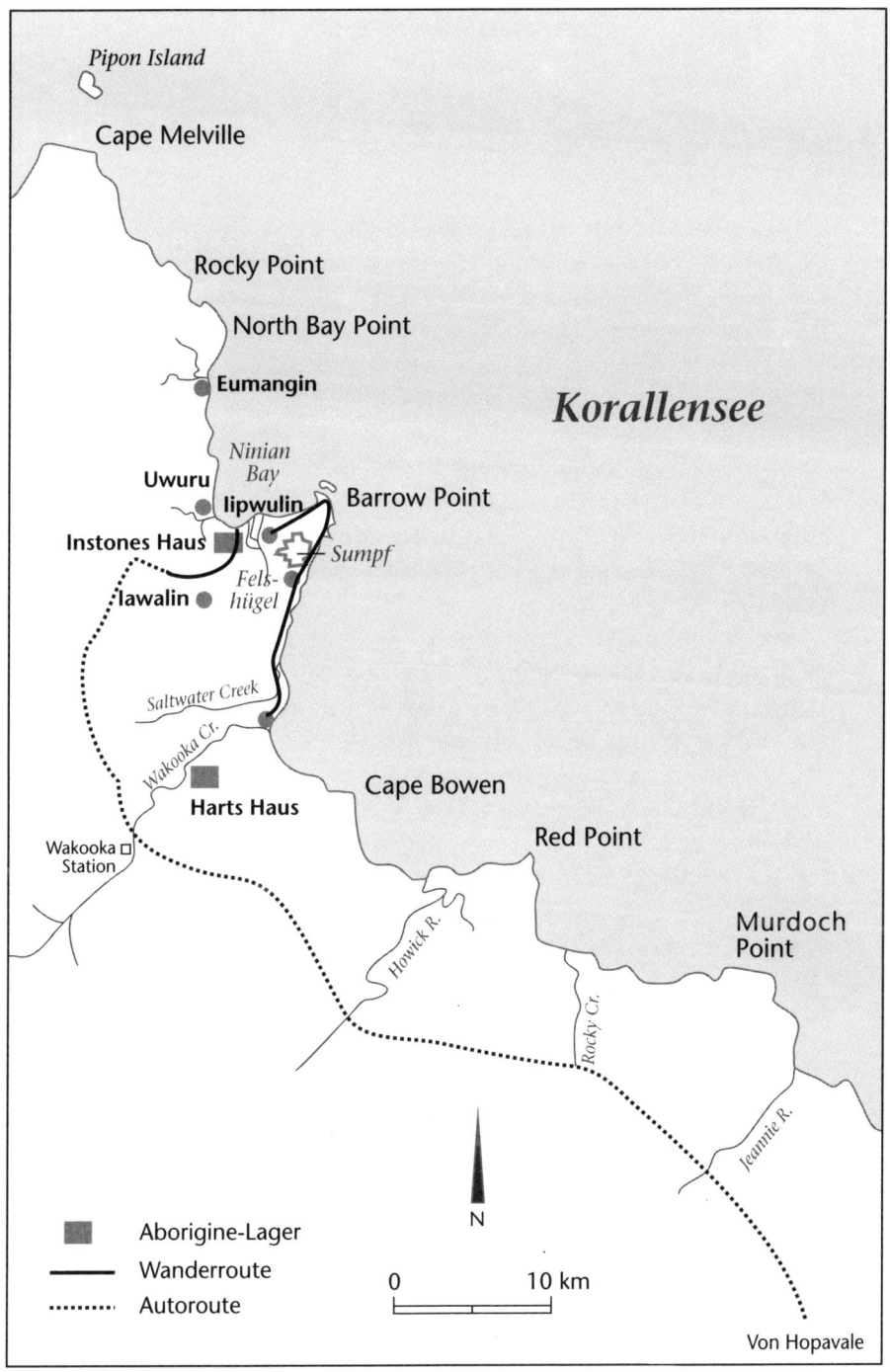

Pipon Island

Cape Melville

Rocky Point

North Bay Point

**Eumangin**

*Korallensee*

*Ninian Bay*

**Uwuru**

**Iipwulin**

Barrow Point

**Instones Haus**

*Sumpf*

*Fels-hügel*

**Iawalin**

*Saltwater Creek*

*Wakooka Cr.*

Cape Bowen

**Harts Haus**

Wakooka □
Station

Red Point

Murdoch Point

*Howick R.*

*Rocky Cr.*

*Jeannie R.*

Aborigine-Lager

Wanderroute

Autoroute

N

0        10 km

Von Hopavale

# VORWORT

Ich war sechs Jahre alt, als der große Amerikaner, von dem es hieß, er sei »halb Chinese« oder »halb Filipino«, nach Hopevale kam. John und Leslie Haviland zogen in Old Man Billy Muundus Haus, zwei Türen von unserem entfernt. John lernte guugu, unsere Sprache.

Wenn ich wie jeden Tag nach nebenan zu meiner yumurr[1] Mary McIvor ging, um unter dem Mangobaum Karten oder Murmeln zu spielen, die Charlie-Pride-Platten ihrer Tochter Amy zu hören oder einfach so zu tun, als durchsuchte ich das Haar meiner alten Tochter Mary nach wuugul (Läusen) fragte ich mich, warum bloß dieses weiße Ehepaar beschlossen hatte, unter all den Schwarzen zu leben statt auf der besseren Seite der Mission, wo das europäische Personal und die Lehrer ihre Häuser hatten.

Wie wir benutzten sie das Bad und die Toilette im Freien, verzichteten auf heißes Wasser und aßen *damper* und mayi, die traditionelle Nahrung der Schwarzen. Was war los mit ihnen? Vielleicht waren sie die Hippies, vor denen uns die Alten in der Kirche und in der Sonntagsschule gewarnt hatten.

Es dauerte nicht lange, bis John das »wahre Guugu Yimithirr« ausgezeichnet beherrschte und mein alter Freund Roger meinte: »*Alu uwu mindiir*« (wörtlich: »Er ist ein richtiger Champion in der Sprache«).

Als Beweis dafür kursierte folgende Geschichte über Haviland (ob sie der Wahrheit entspricht, weiß ich nicht): Eines Tages stand er mit einer Gruppe von Männern um den alten Gemischtwarenladen (der mittlerweile leider abgerissen wurde), als ein Mann aus Hopevale, der erst vor kurzem aus dem Süden zurückgekommen war und nicht wußte, wer John war, im Scherz zu den anderen sagte: »*Ganaa ngayu yii wangarr bagal?*« (Soll ich dem weißen Kerl eine Tracht Prügel verpassen?) Der Witzbold erlebte den größten Schock seines Lebens, als der zwei Meter große Amerikaner in perfektem *Guugu Yimithirr* antwortete: »*Nyundu nganhi baadala, ngayu warra mangaalmul!*« (Versuch es ruhig (und sieh selbst), ob ich mich nicht wehren kann!)

Ich kannte Old Man *Urwunhthin* als Roger Hart, Vater von Janice und Bernard und ihrer Abstammungsgruppe, seit ich klein war. Er war einer der vielen Menschen, die das gesellschaftliche Universum meiner Kindheit und Jugend in Hopevale bildeten. In den 70er Jahren arbeitete er auf den Zuckerrohrfeldern in Mossman, und ich sah ihn nicht mehr so häufig, aber ich wußte, wer er war, so wie er wußte, daß ich Glen Pearsons Sohn, Charlies Enkel und der Urenkel des alten Arrimi war. So ist es, wenn man in Hopevale lebt. Er wußte vermutlich mehr über mich als ich selbst.

Ich wuchs auf in dem Glauben, daß Roger Hart einer von vielen Männern in der Mission war, die Guugu Yimithirr sprachen und, wie mein Großvater Charlie, als Kind in die Cape-Bedford-Mission gebracht worden war. Als ich Ende 1985 anfing, für meine Dissertation in Geschichte an der Universität Sydney die mündlich überlieferten Geschichten unserer Vorfahren aufzuzeichnen, gab mir mein Vater zu meiner Überraschung den Rat, Roger Hart aufzusuchen, der eine ganz eigene Sprache sprach.

Ich wußte schon als Kind, daß Roger aus Gambiilmugu kam – das lag nördlich von Bagaarrmugu am Jeannie River, ein Gebiet, das meinem Urgroßvater gehört hatte. Aber ich hatte keine Ahnung von der Existenz der Gambiilmugu-Sprache. Ich kannte nur die Sprache von Hopevale, Guugu Yimithirr, die Sprache meiner Mutter, *Kuku Yalanji*, und ein paar alte Leute, die verschiedene *Lamalama*-Dialekte sprachen. Daß irgendwer innerhalb der Mission die Barrow-Point-Sprache beherrschte, war mir nicht geläufig.

Ich suchte also Old Man Roger auf, und das war der Beginn unserer Freundschaft. Sie begann auf der Veranda des Altenheims in Gesellschaft eines anderen, ebenfalls neu gewonnenen Kumpels, Rogers Jugendfreund und Verwandtem aus Cape Melville, dem mittlerweile verstorbenen Bob Flinders. Wie sich herausstellte, beherrschten mehrere alte Leute – darunter Bob, der inzwischen verstorbene Leo Rosendale und Lindsay Nipper – Bruchstücke von Rogers Sprache. Ich beschloß, sie zu lernen, um mich mit ihm unterhalten zu können.

*Athirr wulu* (Alkohol) und *mathermul* (dumm) gehörten zu den ersten Errungenschaften meines neuen Sprachschatzes. Roger freute sich über meinen Lerneifer und brachte mir seine Sprache großzügigerweise selbst bei. Bald hatten wir unsere eigene Geheimsprache und konnten über die anderen in unserer Umgebung herziehen oder Bemerkungen machen, ohne daß sie uns verstanden.

So saßen wir mit den alten Männern auf der Veranda, von der aus man auf das Dorf sah, beobachteten das Leben in der Mission und verbrachten Stunden damit, uns über Sprache, die geschichtliche Entwicklung in der Mission, die geschichtliche Entwicklung vor der

Mission, Sitten und Gebräuche, die Jagd, Vögel, Tiere, Pflanzen, das Wetter, Vergangenheit, Gegenwart und Zukunft, das Christentum, die Kirche, Politik und Landrechte zu unterhalten. Roger und ich saßen ganze Tage unter seinem Mangobaum. Wie auch in den Gesprächen mit John Haviland war *lipwulin* (Barrow Point) unser vorherrschendes Thema.

Johns Schilderung in diesem Buch, wie er Roger Hart kennenlernte und immer mehr über dessen Volk und Land erfuhr, schlug eine vertraute Saite in mir an. Die Freundschaft mit Roger war ein großes Privileg für mich, denn sie entwickelte sich zu einer Zeit, als Identität, Geschichte und Landrechte mich enorm beschäftigten. Aus den Stunden, Tagen und Wochen, die ich mit meinen Freunden Roger, Bob und den anderen alten Leuten verbrachte, wurden Jahre, in denen Roger und ich mit ansehen mußten, wie ein Freund nach dem anderen von uns ging.

Rogers Geschichte beschreibt am besten das Leben nach der gewaltsamen Eroberung des Cooktown-Hinterlandes im Gefolge des Palmer-River-Goldrauschs, ein Lebens an der Peripherie, außerhalb der Mission. In der Zeit von der Jahrhundertwende bis zum Zweiten Weltkrieg führte die restliche einheimische Bevölkerung ihr traditionelles Nomadenleben weiter, so gut es ging – eine leichte Beute für Viehzüchter, Bergleute und Fischer einerseits, die sie auf unmenschliche Weise ausbeuteten, Regierung und Missionare andererseits, die die Kinder von ihren Familien trennen und sie langfristig seßhaft machen wollten. Regierung und Missionare waren letztlich erfolgreich, und so mußte eine Handvoll einsamer alter Menschen ihren Lebensabend wohl oder übel in einem Reservat am Rande von Cooktown fristen.

Mein Urgroßvater Arrimi, der in Rogers Geschichten auftaucht, hatte seinen festen Platz in den Träumen meiner Kindheit. Er war ein gesetzloser Buschmann, der der Polizei aus dem Weg ging und meinem Vater nur heimlich *mayi* (Essen) in die Cape-Bedford-Mission bringen konnte. Ich habe mich oft gefragt, wie er und die Leute, die immer noch im Busch lebten, es geschafft haben zu überleben. Rogers Buch erzählt von den letzten Tagen dieser Buschmänner.

In mancher Hinsicht hätte ein Leben unter solchen Bedingungen, bei dem man hin und wieder einen Job annahm, sich ansonsten aber von der Jagd ernährte und durch die freie Natur zog, durchaus Überlebenschancen gehabt. Wenn man die Menschen nur gelassen hätte. Wenn sie nur ein Stück eigenes Land besessen hätten. Wenn die

Weißen nicht so unmenschlich gewesen wären und sie nicht so ausgebeutet hätten. Vielleicht hätten sie dann ihre Familien behalten und auf ihrem Land weiterleben können.

Rogers Bericht über die Vertreibung der Menschen aus ihrem Homeland ist geprägt von Trauer und dem Gefühl des Verlustes. Als letzter Überlebender einer Volksgruppe, die noch im Busch geboren wurde, führt er heute ein einsames Dasein. Doch der Prozeß um sein Land, den Roger und andere Angehörige der Yiithuuwarra zu Beginn der 90er Jahre vor dem Grundstücksgericht von Queensland gewonnen haben, weckt Hoffnung auf eine Wiedervereinigung. Das Gambiilmugu-Volk ist stark und lebendig, und vielleicht hat es sogar eine Zukunft.

Rogers Arbeit – sein unermüdlicher Versuch, die Geschichte seines Volkes zu rekonstruieren und dieses Wissen geduldig aufzuzeichnen –, aber auch die Erzählungen anderer alter Menschen, etwa der Brüder Bob und Johnny Flinders, haben den Weg dafür geebnet, daß seine Nachkommen gegen Ende seines Lebens unter Berufung auf die neuen Möglichkeiten Besitzansprüche auf ihr angestammtes Territorium geltend machen und *lipwulin* zurückfordern konnten.

Roger verfügt nicht nur über ein phänomenales Gedächtnis und einen scharfen Verstand, sondern er ist auch ein außergewöhnlich freundlicher und großzügiger Mensch. Meine Zuneigung, die vom ersten Augenblick an bestand, bleibt *athunbi anggatha*, meinem Freund aus *lipwulin*, auf ewig erhalten.

Noel Pearson

*Tulo Gordons Geschichten-Landkarte*
*von Barrow Point*

# DANK

Kein Projekt, das wie dieses Buch fast zwei Jahrzehnte Arbeit über drei Kontinente hinweg umfaßt, wäre ohne die Hilfe anderer Personen denkbar. Hier erwähne ich nur einige der Menschen, denen ich für ihre Hilfe danken möchte. Anderen, deren Namen die Zeit aus meiner Erinnerung gelöscht hat, übermitteln Roger und ich unseren wortlosen Dank.

In Hopevale haben viele Menschen mich und Angehörige meiner Familie willkommen geheißen und uns geholfen, die Gewohnheiten der bama zu begreifen. Einen entscheidenden Beitrag zu diesem Buch leisteten Roger Hart und seine Familie, vor allem Allen Hart, Bernard Hart und Patsy Gibson mit ihren Familien und Kindern sowie die weitläufige Familie des mittlerweile verstorbenen Tulo Gordon und seiner ebenfalls verstorbenen Frau Gertie, vor allem Helen Michael und ihre Familie, die verstorbene Noeleen Michael und ihre Familie, sowie deren Brüder, insbesondere Willie, Godfrey und Reggie. Für ihre unermüdliche Unterweisung, Freundschaft und Gastfreundschaft über die Jahre hinweg danke ich ganz besonders Walter und der verstorbenen Lizzie Jack, all ihren Kindern, meinen Brüdern und Schwestern, Pastor George und Maudie Rosendale, sowie Roy und Thelma McIvor. Merv Gibson und Noel Pearson gebührt mein Dank für ihre Unterstützung, Ermutigung, Hilfe und Gesellschaft auf unserer letzten Reise nach Barrow Point. Von den vielen Mitgliedern des Gemeinderats von Hopevale, die mir in praktischen Angelegenheiten behilflich waren und mir das Leben in Hopevale ermöglichten, danke ich besonders Gearhardt Pearson, Lister und Leonard Rosendale, Peter und David Costello.

Dem verstorbenen Bendi Jack und seiner Familie in Melbourne, Conrad Keese und seiner Familie in Sydney, sowie Fred, Joan, Michael and Leonie James in Lake Tabourie und Sydney danke ich vor allem für die Gastfreundschaft und Zuneigung, die Roger, Tulo und ich bei ihnen im Süden erleben durften.

In akademischer Hinsicht bin ich vielen Menschen zu Dank verpflichtet, insbesondere Bob Dixon, der mich als erster auf North Queensland und seine Sprachen aufmerksam machte, sowie Bruce

Rigsby und Peter Sutton, die mir großzügig Einblick in ihre Unterlagen und ihr Wissen über die Sprache, Genealogie und Geographie von Queensland gewährten und mich vorbehaltlos unterstützten. Ein besonderer Dank gilt Elinor Ochs und Sandro Duranti, die mir vorschlugen, einen Teil meines Materials in eine populärwissenschaftliche Form zu bringen. Elisabeth Patz danke ich für die Übersetzung des umfangreichen deutschen Archivmaterials, das mir vom Bayerischen Missionswerk in Neuendettelsau (mit freundlicher Genehmigung des Archivars, Konrad Rauh) und der Lutherischen Kirche von Australien in Adelaide zur Verfügung gestellt wurde. Ich danke Nona Bennett für die Erfassung der Erläuterungen zu diesen frühen Archivaufzeichnungen auf Computer und Kathy Frankland vom Staatlichen Archiv in Queensland. Viele Personen waren dabei behilflich, die Texte von sprachlichen Unebenheiten zu befreien; ich bedanke mich insbesondere bei Sharon Larisch und Dick Bauman sowie den ungenannten Lektoren der Smithsonian Institution für ihre Vorschläge.

Im Lauf der jahrelangen Arbeit an diesem Projekt bekamen wir finanzielle Unterstützung aus zahlreichen Quellen. Anfangs erhielten Haviland, Hart und Gordon Forschungsstipendien vom (damaligen) Australian Institute of Aborignal Studies, die häufig die Kosten für Mietwagen und andere praktische Hilfsmittel mit einschlossen. Institutionelle Unterstützung für seine Forschungsarbeit erhielt Haviland vom Department of Anthropology, der Research School of Pacific Studies, der Australian National University, vom Reed College, in Form eines Stipendiums der John Simon Guggenheim Memorial Foundation sowie von der Cognitive Anthropology Research Group des Max-Planck Institute for Psycholinguistics und vom Centro de Investigaciones y Estudios Superiores en Antropología Social (CIESAS)-Sureste (finanziell unterstützt von CONACYT-Mexico), das teilweise für die Niederschrift des Manuskripts aufkam. Das Cape York Land Council war in Gestalt von Noel Pearsons hilfsbereitem Büro ebenfalls an der Finanzierung des letzten Stadiums der Forschungsarbeiten beteiligt. Schließlich ermöglichten The Body Shop (Australien) und die großzügige Unterstützung durch Mr. Barrie Thomas die Veröffentlichung der Farbtafeln im vorliegenden Buch.

Für ihre Gastfreundschaft (ganz zu schweigen von Käse, Fisch und Garnelen) während der Entstehung des Manuskripts danke ich Arno und Ino van Ooyen in Elst, Gelderland, David und Nona Bennett in Potato Point, N.S.W., sowie Jonathan Kelley und Mariah Evans in Queanbeyan, N.S.W.

Ganz persönlich danke (und umarme) ich für ihre Ermutigung, Liebe und Unterstützung trotz zahlreicher Unterbrechungen, aber auch für ihre Anteilnahme, ihre Gedanken und ihre Hilfe bei der Niederschrift Lourdes de León, Isabel Haviland, Maya Haviland (eine der ersten kritischen Lektorinnen meiner Übertragung von Roger Harts Geschichten ins Englische), Sophie Haviland, Leslie Knox Devereaux, Patsy und Alex Asch, dem verstorbenen Roger Keesing, Shelley Schreiner, Bruce und Barbara Rigsby, Stephen Levinson und ganz besonders dem verstorbenen Tim Asch für seine Gesellschaft und Inspiration auf einer unserer letzten Reisen nach Barrow Point.

# »WILLST DU MEINE SPRACHE AUFSCHREIBEN?«

Mitte des vorigen Jahrhunderts existierte im Norden von Queensland ein verhältnismäßig großer Clan von Ureinwohnern, der Anspruch auf das Gebiet um Barrow Point erhob, einen Küstenstreifen zwischen Cape Melville im Norden und Cape Flattery im Süden. Roger Hart, möglicherweise der letzte überlebende Angehörige dieser Gruppe, kam irgendwann zwischen 1914 und 1916 westlich von Barrow Point im Busch von Ninian Bay zur Welt. Um diese Zeit lebte noch eine relativ große Gruppe umherwandernder Aborigines in der Gegend von Barrow Point. Sie wechselten ihre Lager je nach Jahreszeit und überlebten einerseits als Jäger und Sammler, und andererseits, indem sie Hilfsgüter der Regierung oder gelegentlich auch Jobs in den Missionsstationen oder auf Schiffen annahmen. Zu Anfang des Jahrhunderts war diese Gegend einer der letzten Zufluchtsorte für Aborigines nördlich von Cooktown, die aus den Gebieten, in denen Europäer ihre Minen, Farmen oder Siedlungen errichteten, vertrieben oder deportiert worden waren. Viele Menschen in Rogers Umgebung, darunter auch seine Mutter, hatten zeitweise für weiße Siedler und Farmer gearbeitet. Sein biologischer Vater war vermutlich einer jener Siedler gewesen; seine Sprache, sein angestammtes Land und seine Identität als Angehöriger einer Volksgruppe verdankte Roger Hart jedoch seinem Aborigine-Vater – dem Mann also, der zum Zeitpunkt seiner Geburt vom Clan als Ehemann seiner Mutter anerkannt wurde.

Anfang der 20er Jahre wurden die Barrow-Point-Aborigines von Polizei, Siedlern und kommerziellen Fischern bedrängt, die auf der Suche nach billigen Arbeitskräften an der Küste entlangfuhren. Innerhalb von zehn Jahren hatten Vertreter der Regierung die Lager der Aborigines bei Barrow Point in Brand gesteckt und ihre Bewohner in ein anderes Gebiet weiter nördlich umgesiedelt. Zu Beginn des Zweiten Weltkriegs lebten die meisten dieser Menschen nicht mehr. Nur wenige der ursprünglichen Besitzer von Barrow Point hatten überlebt und waren jetzt in verschiedenen über ganz Queensland verstreuten Aborigine-Gemeinden ansässig.

Ich lernte Roger Hart 1979 kennen, als er mich fragte, ob ich etwas »Zeit übrig« hätte, um ihm zu helfen, seine Barrow-Point-Sprache

»aufzuschreiben«. Sie ist verwandt mit der Guugu-Yimithirr-Sprache, die ich in Queensland studiert hatte. Im Lauf der folgenden Jahre trugen wir das Material für dieses Buch zusammen. Unser Mitarbeiter war Tulo Gordon, Maler und Geschichtenerzähler aus einer Gegend namens Nugal am Endeavour River. Tulo war einer meiner Lehrer für Guugu Yimithirr gewesen, als ich 1971 nach Hopevale kam, eine Aborigine-Gemeinde nördlich von Cooktown. Außerdem war er Roger Harts Jugendfreund aus frühesten Missionszeiten. Wir hatten vor, Rogers Autobiographie, die Geschichte seines Volkes und die mündlich überlieferten Erzählungen, an die er sich aus seiner Kindheit erinnerte, miteinander zu verbinden. Die Illustrationen des 1989 verstorbenen Tulo Gordon, die den Text ergänzen, entstanden auf der Grundlage unserer zahlreichen Gespräche und gemeinsamen Reisen 1980 und 1982 nach Cape Melville und Barrow Point.

In den erzählerischen Fragmenten von Roger Harts Geschichte bleibt die Biographie immer mehrdeutig, vage und abhängig von äußerer Beeinflussung. Der Prozeß, mit dem wir alle gemeinsam dazu beitrugen, Rogers »Lebensgeschichte« zu erzählen, beginnt mit dem, was Tulo als Rogers »starke Erinnerung« bezeichnete, und setzt sich fort in Rogers Erfindung des eigenen Ichs, seiner sich allmählich entwickelnden Selbsterkenntnis und seinem aufkeimenden Bewußtsein von Identität. Selbst die Geschichten vom alten Fog, Hauptbestandteil des geistigen Eigentums der Barrow Point People, sind unser eigener Flickenteppich, der sich aus widersprüchlichen Versionen, nicht eindeutig belegten Elementen, Themen und Moralvorstellungen zusammensetzt. Sie stammen aus anerkannten, einander jedoch teilweise widersprechenden, tausendmal erzählten Varianten, in denen unterschiedliche Begriffe, ja sogar Sprachen verwendet wurden – Relikte des ursprünglichen Barrow-Point-Dialekts, vermischt mit dem flüssigen Guugu Yimithirr von Roger, Tulo und anderen und immer wieder durchsetzt mit einem eleganten, archaischen Englisch, das viele Leute in Hopevale beherrschen. Die Geschichte des Old Man Fog ist durch die unbestreitbare Tatsache von Rogers Eigentumsrecht legitimiert, wird andererseits aber von der Unzuverlässigkeit der Zeit und der Erinnerung unterlaufen. Rogers Erzählungen über mythische Zeiten, die Geschichte seines Volkes und sein eigenes Leben waren am ergiebigsten, als wir uns der ursprünglichen Umgebung näherten: als er und ich, manchmal von Tulo begleitet, bei unseren Besuchen in Barrow Point um das Lagerfeuer saßen und von alten Zeiten sprachen.

Roger Harts Geschichte setzt sich also aus vielen erzählerischen Fragmenten zusammen. Sie reichen von autobiographischen Bemerkungen, die bei Tee und Kuchen so nebenbei in einer Diskussion über Sprache fielen, bis hin zu bewußt wiedergegebenen historischen und biographischen Erinnerungen. Letztere wurden teilweise gefilmt, teilweise auf Band aufgezeichnet. Sie sind Beispiele für ein selbsterfundenes Genre – »die Geschichte meines Lebens erzählen« –, worin die Leute von Hopevale große praktische Erfahrung besitzen.

Die wichtigste Quelle waren Gespräche über die Vergangenheit und allerlei Abenteuer, die wir bei unseren Fahrten nach Barrow Point und seine Umgebung, aber auch in andere Gegenden von Queensland, in denen Roger Hart gelebt hatte, systematisch aufzeichneten. Ergänzt wurden sie durch mehr oder weniger zufällig erhaltenes Archivmaterial, welches den europäischen Blickwinkel auf die Aborigines und ihre Gewohnheiten im Norden von Queensland dokumentiert.

Die daraus entstandenen »Texte« täuschen darüber hinweg, daß sie von den jeweiligen Gesprächsteilnehmern, von den augenblicklichen Umständen und Aktivitäten sowie der Dynamik historischer Prozesse bis hin zur jüngsten Vergangenheit abhängig sind. Im heutigen Queensland sind Rechtsansprüche auf Land und Sprache zentrale Themen. Es ist sogar denkbar, daß andere Schilderungen von Gewohnheiten, Traditionen und Ereignissen im Leben der hiesigen Aborigines kohärenter und weniger lückenhaft erscheinen als auf Tatsachen beruhendes Wissen. Verschiedene Parteien vertreten unterschiedliche Interessen. Sie neigen dazu, Fakten zu glätten, und das Aufzeichnen einzelner Bruchstücke dient gelegentlich nur dazu, sie zu einem Ganzen zusammenzufügen, sie in einen Zusammenhang zu stellen und ihnen eine Form zu geben, die ihnen möglicherweise gar nicht zukommt.

So könnte man sich eine »Lebensgeschichte« beispielsweise als chronologische Folge von Ereignissen vorstellen, die ein Individuum beim Durchschreiten von Zeit und Raum erlebt hat. Teile dieser Geschichte überdauern vielleicht nur in der Erinnerung, andere werden dokumentiert, und wieder andere gehen verloren. In der Theorie dagegen wird die objektive Aufeinanderfolge der Ereignisse fixiert und erstarrt in den Fakten der Vergangenheit. Das Leben der Menschen von Barrow Point, das Roger Hart und ich zu rekonstruieren versucht haben, ist anders. Wir bieten flüchtige Blicke auf unterschiedliche Biographien und präsentieren sie so, wie sich die Leute früher über die Heldentaten ihrer Mitmenschen unterhalten haben mochten, wenn sie um ein Feuer saßen, während der Regenzeit in Höhlen Zuflucht suchten, im Kanu aufs Meer hinauspaddelten oder sich die langen Wochen der Initiation verkürzten.

Die Protagonisten dieser Erzählungen sind streng genommen keine Individuen. Man darf sie nicht von ihren Zeitgenossen oder auch ihren Gebieten getrennt sehen. Einzelne, mit Namen ausgestattete Personen, egal ob Männer oder Frauen, können für eine ganze Kette von Verwandten stehen, die sich danach definieren, wie sie die anderen in ihrem gesellschaftlichen Umfeld »beißen« (so sagt man in Guugu Yimithirr) oder »fressen« (in der Sprache von Barrow Point) – das heißt, mit Verwandtschaftsbezeichnungen belegen oder »nennen«. So können in unterschiedlichen Erzählungen die Abenteuer einer Person mit denen einer anderen verschmelzen und trotzdem in allen wesentlichen Punkten, als denen, die eine bestimmte Person als solche definieren, übereinstimmen. Ebenso fließen bestimmte Geschehnisse und deren moralischer Gehalt in den biographischen Erinnerungen zusammen, die Roger und ich zusammengetragen haben. Deshalb sind es keine rein chronologischen Abfolgen von Ereignissen, sondern Erzählungen, milbi (Neuigkeiten, Geschichten), meist mit einer eindeutigen, wenn auch versteckten moralischen Botschaft.

Mit der Ankunft der Europäer und anderer fremder Eroberer wurde das Leben (und damit auch die »Lebensgeschichten«) der Menschen aus Barrow Point zugleich komplizierter und bruchstückhafter. Familienverbände wurden aufgebrochen und ihre Mitglieder zerstreut, so daß der einzelne stärker isoliert war und zugleich eine größere Bedeutung bekam, als er sie als Teil eines kohärenten sozialen Gefüges gehabt hatte. Die Möglichkeiten, das Verhalten der anderen zu verstehen, veränderten sich. Sogar die Sprachen veränderten sich, da die Menschen ihre eigenen Begriffe verloren und anfingen, diejenigen zu benutzen, die sie von den Fremden gelernt hatten. Außerdem wechselten die Gesprächspartner, denen man seine Lebensgeschichte erzählen konnte. Je mehr das gesellschaftliche Umfeld schrumpfte und durch Eindringlinge, Krankheit, Umsiedlung, Gewalt und Tod zerstört wurde, um so mehr wich der Zusammenhalt innerhalb der Sippe dem Zusammengehörigkeitsgefühl mit anderen Vertriebenen, Überlebenden und Flüchtlingen. Deren Interessen und ihre Fähigkeit, sich zu assimilieren und »Neuigkeiten« oder »Geschichten« richtig einzuschätzen, unterschieden sich radikal von denen früherer

Familiengemeinschaften, bei denen es ein gemeinsames Lagerfeuer oder ein gemeinsames für die Initiation reserviertes Gebiet gegeben hatte.

Zwei Themen tauchen immer wieder in Rogers Geschichte auf, die einer besonderen Erläuterung bedürfen. Das erste ist der massive und nachhaltige Eingriff in das Leben der Aborigines – fast könnte man sagen, seine bewußte Demontage – durch die europäische Gesellschaft in der ersten Hälfte, vor allem aber in den ersten fünfundzwanzig Jahren dieses Jahrhunderts. Das zweite ist ein spezielles Identitätsproblem, das für Aborigines aus gemischtrassigen Beziehungen am deutlichsten spürbar ist und sich in einem tiefen persönlichen Zwiespalt manifestiert, den Menschen wie Roger Hart angesichts ihrer Rolle im Leben empfinden. Die Auswirkungen der europäischen Eroberung waren während Roger Harts Kindheit in Barrow Point bereits erkennbar, die Saat für die Zerrissenheit gesät.

Wörter und Ausdrücke in Guugu Yimithirr, der Sprache von Cooktown und dem Gebiet nördlich des Starcke River, erscheinen in serifenloser, gerader Schrift, Wörter aus der Barrow-Point-Sprache in serifenloser, kursiver Schrift. Auf den folgenden Seiten marschiert eine möglicherweise verwirrende Phalanx von Verwandten und anderen Clanbrüdern auf; einige genealogische Erläuterungen zu dem, was Roger unter »Verwandtschaft« versteht, stehen in den Anmerkungen. Wie bei den Aborigines üblich, tauchen zahlreiche Hinweise auf Orte, Territorien und Clangebiete – die traditionellen *runs* der verschiedenen Aborigine-Familien und -Gruppen – auf; auch diese werden zum Teil in den Anmerkungen erläutert. Allerdings habe ich häufiger von den Namen verstorbener Personen Gebrauch gemacht, als das Anstandsgefühl der Aborigines es normalerweise zulassen würde.

1985 zog ich von Australien weg, und die Fertigstellung des Buches verzögerte sich immer wieder. Unser Mitarbeiter Tulo Gordon starb 1989. Ein Jahr später steckte Roger Hart seine Kraft und sein Wissen über die Aborigine-Tradition in den Versuch, die eigenen Gebiete und die seines Clans unter Berufung auf die neue Gesetzgebung zurückzubekommen, die die Besitzansprüche der Aborigines in Queensland regelt. Jetzt, nach fast zwanzig Jahren, können Rogers Geschichte und Tulos Bilder endlich erscheinen. Vielleicht ist es eine Ironie der Geschichte, daß wir das Material für dieses Buch zu einer Zeit zusammengetragen haben, als sich noch niemand vorstellen konnte, daß Aborigines eines Tages »Besitzansprüche« auf Grund und Boden geltend machen könnten. Auch wenn das Buch noch nicht fertiggestellt war, diente einiges von dem, was wir zusammengetragen hatten, in der angespannten Atmosphäre zu Beginn der 90er Jahre als Beweismaterial für den Anspruch auf bestimmte Territorien. Bei meinem Cousin Roger möchte ich mich dafür entschuldigen, daß das »Aufschreiben« seiner »Sprache« erheblich mehr »übrige Zeit« in Anspruch genommen hat, als wir beide uns an jenem regnerischen Morgen im Jahr 1979 vor dem Laden von Hopevale hätten träumen lassen.

# TEIL EINS

## DIE GESCHICHTEN VON BARROW POINT

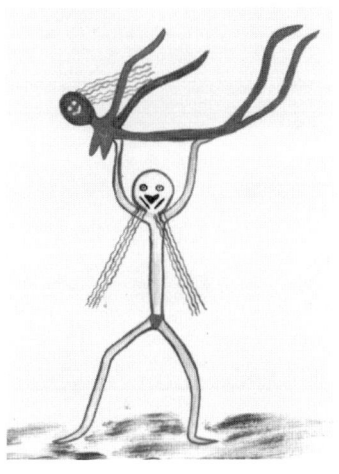

# HOPEVALE UND HOPE VALLEY

Die Aborigine-Gemeinde Hopevale ist der Abkömmling einer lutherischen Missionsstation namens Hope Valley, die 1886 im Gefolge des
Palmer-River-Goldrauschs[2] gegründet worden war. Die ursprüngliche
Mission lag in Cape Bedford, nördlich von Cooktown im äußersten
Norden von Queensland. Heute verwenden die Leute den Namen
Hopevale für eine moderne Stadt, die um 1950 ein Stück weiter
landeinwärts gegründet wurde, als die Bewohner der alten Mission,
die im Zweiten Weltkrieg evakuiert worden waren, in ihr Homeland
zurückkehrten. Die Einwohner von Hopevale nennen die ursprüngliche lutherische Mission an der Küste Cape Bedford. Wenn
sie den alten Namen, Hope Valley, benutzen, meinen sie die ehema-
lige Hauptsiedlung an der südöstlichen Spitze des Kaps. Darüber
hinaus gab es bedeutende Siedlungen nördlich von Cape Bedford bei
Elim und diverse sogenannte Outstations weiter nördlich am McIvor
River.

Die Menschen, die im Gebiet des Endeavour River ansässig waren,
sprachen um 1770, als Leutnant James Cook und Mitglieder seiner
Mannschaft ein paar Worte von den dort lebenden Aborigines[3]
aufschnappten, eine heute noch erkennbare Variante des Guugu
Yimithirr. Etwa hundert Jahre später wurde im Landesinneren, am
Palmer River, Gold entdeckt, und da die Minen versorgt werden mußten, entstand an der Mündung des Endeavour der Hafen Cooktown.
Die Stadt diente als Anlaufpunkt für Tausende von Goldgräbern
europäischer und chinesischer Herkunft, die nur darauf brannten,
den Palmer zu erreichen.

Die Folgen für das Leben der Aborigines waren verheerend. Gemeinschaften, die entlang der Flüsse lebten, in denen Gold vermutet
wurde, oder Land zwischen der Küste und dem Palmer besaßen,
wurden von einem Tag auf den anderen enteignet und nicht selten
getötet. Andere Aborigines wurden von ihrem Homeland vertrieben,
als sich die europäischen Siedlungen von den ursprünglichen Gold-
routen aus weiter ausbreiteten. Überlebende Gruppen von Aborigines
flüchteten tiefer ins Hinterland oder fristeten ein parasitäres Dasein
am Rand der überall aus dem Boden schießenden Städte.

Innerhalb eines Jahrzehnts, im Laufe der 80er Jahre, gerieten die Reste der ursprünglichen Aborigine-Gemeinschaft in einen traurigen Zustand. Daraufhin ergriffen sowohl kirchliche als auch staatliche Stellen Maßnahmen, um das Dasein der Aborigines nach Richtlinien zu organisieren, die den europäischen Hoffnungen und Plänen eher entsprachen. 1886 gründeten lutherische Missionare aus Bayern mit Unterstützung der örtlichen Polizei, der Regierung von Queensland und anderen Missionsgesellschaften aus dem australischen Süden und Deutschland die Missionsstation in Cape Bedford. Ihr ursprüngliches Ziel war es, den übriggebliebenen Aborigine-Gruppen, die den unfruchtbaren Küstenstreifen nördlich von Cooktown bewohnten, eine Schulbildung zukommen zu lassen und ihnen Schutz zu gewähren.

Schon 1881 hatte der Polizeipräsident von Cooktown nach Möglichkeiten gesucht, Menschen aus den verstreuten Aborigine-Lagern um Cape Bedford dazu zu bewegen, nach Cooktown zu kommen, um sie dort nützlichen Zwecken zuzuführen.[4] (Der »Nutzen«, den sich die Bevölkerung von Cooktown erhoffte, beschränkte sich im wesentlichen auf unbezahlte Haus- und Feldarbeit und sexuelle Ausbeutung.) Die ersten Missionare dagegen wollten eine ständige und langfristig autonome Missionsstation in Cape Bedford aufbauen, wo sie ihre Schützlinge von dem abschirmen konnten, was sie als verderblichen Einfluß sowohl der im Busch lebenden Aborigines als auch der »kultivierten« Europäer ansahen.

Um die Jahrhundertwende, nachdem die Missionare in Cape Bedford über fünfzehn Jahre hinweg dieses Ziel verfolgt hatten, baute die Regierung einen neuen bürokratischen Apparat zur Überwachung der Aborigines in ganz Queensland auf. Das Goldfieber von Cooktown war abgeebbt, und die Wirtschaft im Norden des Landes pendelte sich auf eine bedeutungslose Mischung aus Goldgräberei, Viehzucht, Zuckerrohranbau und Fischfang ein. Die Restbevölkerung der Aborigines wurde schon lange nicht mehr als Bedrohung empfunden, sondern galt als Plage und Beleidigung der öffentlichen Moral und Kultur.

Nach und nach erließ die Regierung Gesetze, die es der Polizei mit Hilfe der zum Schutz der Aborigines etablierten Bürokratie erlaubte, alle Schritte der Aborigines zu überwachen, sie nach Belieben umzusiedeln oder in entfernte Gebiete des Staates zu verschleppen, sie letzten Endes einzusperren und ihre Familien zu zerstören, indem sie die Kinder in Heimen unterbrachten.

Da bekannt war, daß junge, zum Christentum bekehrte Aborigine-Frauen von der Außenwelt abgeschnitten in der Mission von Cape Bedford lebten und da diese gleichzeitig als Verteilungsdepot für Hilfsgüter der Regierung an die Aborigines diente, wurde sie zu bestimmten Jahreszeiten von ansonsten halbnomadisch lebenden Gruppen heidnischer Aborigines aufgesucht, die unter den Bewohnerinnen der Mission nach geeigneten Ehepartnerinnen suchten.[5] In den ersten Jahren dieses Jahrhunderts berichtete Reverend Schwarz, der Missionar von Cape Bedford, über Besuche von Gemeinschaften aus dem Nordwesten, darunter bisher unbekannte Gruppen aus dem weit entfernten Barrow Point und Cape Melville.[6] Aus diesen ersten Kontakten entwickelte sich eine vielschichtige Interaktion zwischen Regierung, Missionsstation und den verschiedenen Clans, die letztendlich zum Untergang der Menschen von Barrow Point führen sollte.

In den 20er und 30er Jahren wurden in den Lagern nomadisierender Aborigines immer häufiger Kinder aus ihren Familien herausgerissen und in Besserungsanstalten und Missionsstationen untergebracht. Anfangs waren es »verwahrloste« Kinder (ein Euphemismus für Abkömmlinge aus gemischtrassigen Beziehungen), später jedoch *alle* Kinder, die die Polizei in Lagern der Aborigines fand. Gemäß der herrschenden Rechtsprechung steckte man sie in Heime, wo sie erzogen und ausgebildet wurden. Da die Cape-Bedford-Mission von Regierungsgeldern abhängig war, unterstand sie bis zu einem bestimmten Grad den Behörden, die für die Regelung von Aborigine-Angelegenheiten zuständig waren. Wenn also die Kinder von ihren Familien im Busch getrennt wurden, blieb den lutherischen Missionaren nichts anderes übrig, als einige »Waisen, verwahrloste und obdachlose Kinder« in die bis dahin völlig abgeschirmte Gemeinde von Hope Valley aufzunehmen. Solche Kinder stellten nach und nach einen immer größeren Anteil der Bewohner von Hope Valley. Roger Hart, dessen Leben und Erinnerungen an seine Kindheit in Barrow Point die Grundlage für dieses Buch bilden, war eines dieser Kinder. Seine Verwandten brachten ihn um 1923 von Barrow Point nach Cape Bedford und übergaben ihn der Obhut der Missionare.

Der Zustrom von Kindern von außerhalb der Mission hielt die 20er Jahre hindurch und bis in die 30er Jahre an. In dieser Zeit hatte Hope Valley mit erheblichen finanziellen Problemen zu kämpfen. Die Mission eröffnete mehrere Outstations, in denen Zusammenschlüsse erwachsener Aborigines versuchten, sich aus eigener Kraft von Landwirtschaft zu ernähren.

Die ersten Jahre des Zweiten Weltkriegs brachten noch schwerere Zeiten für Cape Bedford. Es standen kaum Mittel zur Verfügung, während die Bedürfnisse der Missionsgemeinde ständig wuchsen. Die Missionare versuchten, mit Hilfe einiger bevorzugter Aborigene-Familien innerhalb des begrenzten Missionsgebiets mehrere neue Stationen und Farmgemeinschaften aufzubauen. Roger Hart hatte mittlerweile die Tochter eines Aborigine-Helfers geheiratet, der das besondere Vertrauen des Missionars genoß, und sollte beim Aufbau einer autonomen, von fremder Hilfe unabhängigen Aborigine-Gemeinde im Hinterland von Cooktown mitwirken.

Doch die Ereignisse des Zweiten Weltkriegs machten auch vor dem Norden von Queensland nicht halt. 1942 wurde die gesamte Bevölkerung der Cape-Bedford-Mission und ihrer Outstations ohne Vorwarnung abtransportiert und nach Süden in eine Aborigine-Siedlung namens Woorabinda, etwas weiter im Landesinneren als Rockhampton, gebracht. Den Leiter der Mission, Reverend G. H. Schwarz, der 1887 aus Bayern nach Queensland gekommen und seitdem in Cape Bedford gelebt hatte, internierte man in einem Lager für Deutsche und gestattete ihm später nicht mehr, zu seiner Guugu-Yimithirr-Gemeinde zurückzukehren, die er über ein halbes Jahrhundert lang betreut hatte.

Die nächsten acht Jahre im Exil waren für die Menschen von Cape Bedford traumatisch und zugleich befreiend. Krankheiten sorgten dafür, daß sich ihre Zahl drastisch verringerte. (Roger Hart und seine Frau verloren in den ersten Monaten ihres Aufenthalts im kälteren Klima des Südens drei Kinder.) In Woorabinda waren sie zum ersten Mal in ihrem Leben orientierungslos und ungeschützt dem unmittelbaren Kontakt mit der »Außenwelt« ausgesetzt. Hier gingen sie auf normale Schulen, nahmen bezahlte Jobs an, zogen mit Landarbeitertrupps oder als Erntehelfer durch den ganzen Süden von Queensland und machten viele neue Bekanntschaften, unter den Farbigen wie auch unter den Weißen.

Dennoch blieben die Cape Bedford People – die in Woorabinda wie auch diejenigen, die in Arbeitstrupps außerhalb der Siedlung beschäftigt waren – eng miteinander verbunden.

Ein paar einflußreiche ältere Leute (darunter Roger Harts Schwiegervater) kämpften für den Zusammenhalt innerhalb der Gruppe[7] und die Möglichkeit, in ihr eigenes Land im Norden zurückzukehren. Mit Hilfe der lutherischen Behörden gelang es ihnen Ende der 40er Jahre endlich, das ursprüngliche Aborigine-Reservat in ihrem angestammten Territorium wieder aufzubauen. Die neue Lage – 50 Kilometer nördlich von Cooktown und etwa 25 Kilometer landeinwärts vom ursprünglichen Hope Valley – wurde Hopevale getauft. Roger Hart gehörte zu einem der Arbeitertrupps, die Anfang der 50er Jahre aus Woorabinda zurückkehrten, das Buschland rodeten, Häuser, Straßen und eine Kirche bauten, Gärten anlegten und die Rückkehr der Familien in die neue Gemeinde vorbereiteten.

Die meisten Alten aus Hope Valley waren während der Kriegsjahre im Süden gestorben, und viele Familien waren auf ein oder zwei Mitglieder geschrumpft, wenn nicht ganz ausgerottet. Auf diese Weise hatte das Exil das soziale Gefüge der Gemeinde radikal verändert. Wegen des bedenklichen Mangels an heiratsfähigen jungen Mädchen verließen Gruppen junger Männer in den 50er Jahren Hopevale in regelmäßigen Abständen, um sich auf die Suche nach Ehefrauen zu machen. Viele junge Frauen aus Palm Island, Bloomfield, Yarrabah, Weipa und sogar Woorabinda kamen mit ihren frischgebackenen Ehemännern nach Hopevale, um hier eine Familie zu gründen. Zudem wurde die Gemeinde durch verstreut lebende Aborigine-Familien aus dem Südosten der Halbinsel Cape York verstärkt, die Verwandte in Hopevale hatten. So bekam Roger Hart erneut Kontakt zu Angehörigen der Barrow Point People, die den Krieg überlebt hatten.

Seit den 50er Jahren war Hopevale eine Gemeinde, in der reges Kommen und Gehen herrschte. Manche Einwohner verbrachten lange Zeit »im Süden« – in Brisbane oder in anderen Städten von Queensland. Dies war Teil der Bemühungen der Lutheraner, Aborigine-Familien aus Hopevale in größerem Umfang in die australische Gesellschaft einzugliedern. Kinder und junge Erwachsene begannen außerhalb der Mission zu arbeiten und zu studieren, und heute sind Leute aus Hopevale im Rahmen des gesellschaftlichen Lebens, Reisens und politischer Aktivitäten der Aborigines bundesweit vertreten. Die von den ersten Missionaren sorgfältig herbeigeführte Isolation der Gemeinschaft von Hope Valley wurde im modernen Hopevale ein für allemal abgebaut.

Ihr Identitätsgefühl jedoch blieb erhalten. Als ich 1970 nach Hopevale kam, schickten mich die Bewohner, ohne zu zögern, zu den besten Lehrern der Guugu-Yimithirr-Sprache und zu Männern, die eindeutig am ehesten einen legitimen Anspruch auf Sprache und Territorium hatten. Die unterschiedliche Herkunft, aber auch die jüngere Vergangenheit vieler Leute, die aus anderen Teilen von Queensland nach Cape Bedford gebracht worden waren, bedeutete einerseits, daß zwar praktisch alle Einwohner von Hopevale Guugu Yimithirr als vorrangige Sprache verwendeten, die große Mehrheit jedoch keinen Anspruch auf Guugu Yimithirr als *ihre* »Stammessprache« erhob. Daher verwies man mich an Experten, die von echten Guugu Yimithirr sprechenden Familien abstammten und aus den damit verbundenen Clan-Territorien kamen. Die ältesten Mitglieder solcher Familien beherrschten die Sprache am besten, deshalb mußte ich – so die einhellige Meinung – bei ihnen in die Lehre gehen. Diese Lehrer, in der Mehrzahl alte Männer, waren entschlossen, mir nicht nur ein akzeptables Guugu Yimithirr beizubringen, sondern mich gleichzeitig über vergangene und gegenwärtige Verwandtschaftsbeziehungen, Clans, Totems, Orte, Landstriche, nützliche und gefährliche Pflanzen, Fische, Fischspeere und Fangstellen aufzuklären und mir zu zeigen, wie man Himmelsrichtungen bestimmt[8] und sich Großvätern, Schwestern und Schwiegermüttern gegenüber zu verhalten hat.[9]

In den 70er und 80er Jahren wurde Hopevale von einer Modernisierungswelle erfaßt. Nach und nach vollzog die Gemeinschaft den Übergang von einer von außen verwalteten lutherischen Mission, die von Staat und Kirche nicht nur finanziell abhängig war, sondern auch Weisung erhielt und kontrolliert wurde, zu einer jener mehr oder weniger autonomen Aborigine-Siedlungen, die der damaligen Regierung von Queensland vorschwebte. Doch es sollte noch ein Jahrzehnt dauern, bis die Änderung der gesetzlichen Bestimmungen für den Grundbesitz der Aborigines diesen Gemeinden überhaupt ein gewisses Maß an Autonomie ermöglichte und junge Aborigines dazu bewog, ihre »Tradition« bewußt neu zu beleben, um auf diese Weise ihre ursprünglichen Gebiete wieder in ihre Macht zu bringen. Bisher war auf regionaler und familiärer Ebene eine Politik der Uneinigkeit an der Tagesordnung gewesen. Wer kontrollierte den Gemeinderat und die Regierungsgelder, die ihn finanzierten? Wer besetzte die wenigen Arbeitsplätze im Geschäft, im Amt oder in der Werkstatt von Hopevale? Wer besaß ein Anrecht auf Beschäftigung in der lukrativen Quarz-Mine in Cape Flattery, die mitten auf Missionsgebiet lag, ihre Abgaben jedoch nach Brisbane und ihre Gewinne nach Japan überwies? Wer war in der Lage, »Privatinitiativen« innerhalb der Mission zu starten, Schweine zu züchten, Vieh zu schlachten, ein Taxi zu fahren, Fish and Chips, Angelschnüre oder Benzin zu verkaufen? Und wenn *deine* Familie irgendeine Art von Macht oder Einfluß ausübt, was bedeutet das für *meine*?

Ich hatte versucht, die Entwicklung der Guugu-Yimithirr-Sprach-gemeinde zu verstehen, in der alles, was Abstammung und Sozial-geschichte betrifft, untrennbar mit nahezu allen Aspekten des gesell-schaftlichen Lebens, insbesondere der Sprache, verbunden ist. Meine Recherchen[10] hatten sich auf die Zeitspanne konzentriert, in der die ältesten noch lebenden Mitglieder in die Mission gekommen waren, größtenteils als kleine Kinder. Doch die Ereignisse in Hopevale hatten Fragen aufgeworfen, die die Anfänge dieser Gemeinde betrafen: einer-seits bruchstückhafte »Traditionen« von Land und Sprache, die sich aus einer Zeit rekonstruieren ließen, als noch kein Europäer das Land besetzt hatte, andererseits Veränderungen innerhalb des sozialen Gefüges nach dem Zweiten Weltkrieg, eine Folge des Zusammen-brechens der von den Missionaren geplanten utopischen Isolierung.

Je näher der 100. Jahrestag der Gründung der Cape-Bedford-Mission rückte, um so mehr wurde die soziale Vergangenheit der Missions-gemeinde zum beherrschenden Gesprächsthema. Die für den Jahres-tag der Ankunft von Reverend Schwarz in Cape Bedford geplanten Feierlichkeiten veranlaßten mehrere uralte Männer, denen ich mich anschloß, den ursprünglichen Standort der Mission aufzusuchen, um ein paar zerstörte Gebäude vom gröbsten Unrat zu befreien, sie für einen Gedenkbesuch herzurichten und nach Überresten aus den frühen Zeiten der Mission zu suchen. Bei unseren Expeditionen zu diversen Anlagen im gesamten Missionsgebiet in Gesellschaft dieser Gemeindeältesten lag sozusagen stets Geschichte in der Luft, und die Gespräche nahmen recht unterschiedliche Richtungen. Alter Aber-glaube wurde erst der modernen lutherischen Lehrmeinung gegen-übergestellt, dann »echten« Ängsten und Gefahren im Busch. Soeben gelernte Wörter entpuppten sich als vulgär, unhöflich oder tabu; andere dagegen als heilig, ehrerbietig und »tief«. Die traditionellen Werte Respekt und Anstand wurden einerseits betrauert (als Ausdruck inzwischen vergessener Clangesetze und -autorität), andererseits ver-urteilt (als tyrannisch, sexistisch und korrupt). Die Missionare hatten Janusköpfe: erst aufgeklärte Erlöser, im nächsten Moment intolerante Rassisten. Aus alten Zeiten überlieferte Geschichten, von den alten Männern gestern noch als vulgär abgetan, enthielten heute plötzlich wertvolle moralische Erkenntnisse und würden morgen als Beweis für althergebrachte territoriale Ansprüche angeführt.

Die älteren Leute in Hopevale empfanden den Aufruhr in der Gemeinde als bedrückend und verwirrend. Sie beklagten den Verlust von Sitte und Anstand, die Kirche und Mission ihnen eingeschärft hatten. Sie bejammerten den nachlassenden Respekt vor den Verwandtschaftsbeziehungen und den Gebräuchen der Aborigines unter den Lebensbedingungen: zuviel Grog, zuviele Autos, zuwenig Abstand zu den Nachbarn. Beispielsweise gebot es die Tradition, die Schwiegermutter mit größter Ehrfurcht zu behandeln, doch im modernen Hopevale, wo die Häuser Wand an Wand standen und junge Leute sich von der Rente ihrer älteren Verwandten durchfüttern ließen, kam es vor, daß man in ihrem Haus wohnte und mit ihr am gleichen Tisch saß. Die Alten waren empört. »Die jungen Leute von heute dürfen ihre Schwiegermütter beleidigen oder beschimpfen, wir [Alten] *dürfen* es einfach nicht.«[11]

In dieser aufregenden Atmosphäre des Lernens und Lehrens, der Erinnerungen und Entdeckungen, betrat eines Tages Roger Hart den Laden in Hopevale. Es war ein regnerischer Vormittag im Juni 1979, ein Zahltag. Aus allen Richtungen strömten die Leute herbei, um in Hopevale ihre Rente, ihre Sozialhilfe oder ihr Gehalt gegen Mehl, Tee, Zucker, Fleisch, Brot, Dosenmilch, Garnelenköder, Angelschnüre und andere Gebrauchsgüter einzutauschen. Kinder bettelten um Eis und Tüten mit Chips. Halbwüchsige schnorrten bei bessergestellten Verwandten eine Zigarette.

Cousins liehen sich ein paar Scheine, um ihre Benzintanks aufzufüllen. Über dieses frühmorgendliche Gewusel brach ein für diese Jahreszeit ungewöhnlich heftiges Gewitter herein. Ich stellte mich zu drei alten Männern in eine Ecke, in der ein großer Mangobaum leidlich Schutz vor dem Regen bot.

In diesem Augenblick kam ein eleganter Herr mit bloßen Füßen, Khakihose, Baseballkappe und einem kurzärmligen Hemd auf uns zu, dessen Tasche mit Tabak vollgestopft war. Zurückhaltend grüßte er mich auf Guugu Yimithirr.

»Wantharra, thawuunh. Wie geht es dir, mein Freund?«

Zu dieser Zeit hatte ich, mit einigen Unterbrechungen, bereits neun Jahre in Hopevale gearbeitet. Im Lauf der Jahre hatte ich die meisten der ganz alten Leute aus der früheren Mission kennengelernt, und es war bekannt, daß ich schriftlich festzuhalten versuchte, was sie mir an Wörtern beibringen und über Verwandtschaftsbeziehungen und Gebräuche aus der Gegend um Cape Bedford und Cooktown berichten konnten. Roger Hart war die meiste Zeit, die ich dort arbeitete, nicht in Hopevale.

»Kommst du voran, thawuunh (mein Freund)? Ngayu (Ich bin) Roger Hart. Schon mal von mir gehört?«

Das Gesicht kannte ich nicht, den Namen dafür um so besser. Er stand für das Oberhaupt einer der großen und bedeutenden Familien in der Mission. Manchmal machte ich abends mit ein paar jungen Männern aus der Gemeinde Country Music, und einer von ihnen, ein begeisterter Gitarrist namens Alan Hart, hatte Anfang des Monats von seinem Vater, Roger Hart, gesprochen. Er hatte mir erzählt, daß der alte Mann außerhalb der Mission lebt und irgendwo in der Gegend von Mossman, nördlich von Cairns, an der Küste arbeitet. Er hatte seine eigene Sprache, und er kannte jede Menge Geschichten.

Und jetzt stand Roger vor mir, schüttelte mir die Hand und rasselte die Namen einiger befreundeter Anthropologen herunter, als unterhielte er sich mit einem Aborigine aus Queensland über irgendwelche Familienangehörige.

»Kennst du Peter Sutton? Er hat ein bißchen von meiner Sprache gelernt.«

Wie sich herausstellte, hatte nicht nur ich von Roger gehört, sondern auch er von mir: von dem Amerikaner, der immer bei den Alten hockte und die Sprache von Hopevale ganz passabel beherrschte. Er wußte, daß ich Geschichten aufschrieb und Leute nach der Vergangenheit ausfragte. Und er wußte auch, daß mir die alten Männer Guugu Yimithirr beigebracht hatten.

»Dieser alte Bursche, dein ›Vater‹, den nenne ich mugay (Onkel).[12] Und dein Freund hier – du machst ein Buch mit ihm[13] – ist mein thuway (Neffe).«

Roger Hart erklärte mir, warum er mich aufgesucht hatte. Er stammte eigentlich nicht aus Cooktown, sondern aus Barrow Point im Norden, unweit von Cape Melville. Er war erst vor kurzem nach Hopevale zurückgekehrt, nachdem er ein paar Jahre »außerhalb« verbracht und in der Nähe von Cairns auf den Zuckerrohrfeldern gearbeitet hatte, weil er dem geschützten, aber auch eingeschränkten Leben der Aborigine-Mission entfliehen wollte. Es stimme, erklärte er, er habe wirklich eine eigene Sprache. Und er fürchte, daß er womöglich der einzige sei, der sie noch beherrsche, da seine alten Freunde aus Kinderzeiten vermutlich alle gestorben waren. Rogers Vorschlag war sehr konkret und unumwunden.

»Würdest du meine Sprache aufschreiben, wenn du Zeit hast?«

Das war ein Angebot, das niemand, der sich für australische Sprachen interessierte, ablehnen konnte.

Es dauerte nicht lange, bis ich merkte, daß Roger mehr weiterzugeben hatte als nur seine Sprache. An diesem Vormittag begann unser

Gespräch, und es geht bis heute weiter. Es berührt Themen, die von der Struktur der Barrow-Point-Sprache bis zur Geschichte der Barrow Point People reicht, von den Erzählungen, die Roger als Kind gehört hat, bis hin zu denen, die er selbst über seine Jugend als Aborigine in Queensland erzählen kann. Rogers Wunsch, seine Sprache aufschreiben zu lassen, war mit einer komplexen Vergangenheit verknüpft, die es festzuhalten galt.

Als ich im Mai des folgenden Jahres nach Hopevale zurückkehrte, brachte ich alles mit, was ich über die Barrow-Point-Sprache hatte auftreiben können, darunter auch die Kopie einer Kassette, die der Linguist Peter Sutton 1970 in Mossman aufgenommen hatte. Roger Hart und sein alter Kumpel Toby Gordon[14] hatten ihm gemeinsam in mehreren verschiedenen Sprachen Teile einer überlieferten Geschichte aus Barrow Point über die Heldentaten des schlitzohrigen *Wurrey* oder »Fog« erzählt. In diesem Jahr arbeiteten wir drei Monate lang Suttons Wortlisten der Barrow-Point-Sprache durch und in den folgenden vier Jahren immer mal wieder und erstellten dann ein Korpus des rekonstruierten Wortschatzes, der sich aus unseren Gesprächen ergab.

Fern allen politischen Gerangels verwickelten mich die älteren Bewohner von Hopevale im Schatten der Mangobäume, die sie gepflanzt, oder unter Veranden, die sie mit eigenen Händen gebaut hatten, regelmäßig in anachronistische Unterhaltungen. Stunden verbrachten wir so, versunken in alte Wörter und Geschichten aus der Vergangenheit von Hopevale und manchmal von weit entfernten Regionen wie Barrow Point, für das sich außer uns niemand mehr so recht zu interessieren schien.

Gelegentlich ließen sich ein paar jüngere Leute von den exotischen Wörtern von Rogers Barrow-Point-Sprache anlocken. Viele Bewohner von Hopedale hatten sich den uralten Sinn der Aborigines für Sprache als einem Identitätsmerkmal bewahrt. Teenager flirteten und machten ihre Späße zwar auf Englisch und konnten nur selten die »Sprache«, dennoch wußten sie, daß Guugu Yimithirr reich war an unterschiedlichen Bezeichnungen für ein und denselben Gegenstand. Einige dieser Begriffe kamen vom »Strand« (von der Küste), andere von »draußen« (aus Binnenland-Dialekten), wieder andere aus ganz anderen Sprachen. Die Jungen taten oft so, als verstünden sie die Wörter nicht, die ihre Großeltern benutzten, akzeptierten aber trotzdem manche Begriffe als »tiefer« als andere: Wörter, die so klangen, als seien sie für »Könige oder Anführer« bestimmt, oder solche, die mehr (oder weniger) Respekt für den jeweiligen Gesprächspartner bezeugten.[15]

Meine Aufzeichnungen und stockenden Unterhaltungen mit Roger in seiner buchstäblich unverständlichen Sprache aus dem Norden waren daher auf kuriose Weise faszinierend, wenn auch wenig relevant im Vergleich zu ihren Kassetten mit australischer Country Music, amerikanischem Soul oder jamaikanischem Reggae.

Für einen Menschen wie Roger waren unsere Gespräche über die Vergangenheit mehr als reine Nostalgie. Sie waren Teil einer Suche nach den Wurzeln und der Ordnung, die alle alten Einwohner miteinander verband. Roger Hart teilte seine Erinnerungen an die Kindheit in Barrow Point mit dem Künstler Tulo Gordon aus Hopevale, einem Freund aus frühesten Missionszeiten. Das gleiche Bild, das Roger mit Worten vom Leben im Busch zeichnete, malte Tulo mit seinen Acrylfarben. Rogers Rückbesinnung auf die Vergangenheit war zugleich der Versuch herauszufinden, wer er hier und jetzt war. Wie war es gekommen, daß er, ein Mann aus Barrow Point, sein Leben in Tulos Land verbracht hatte? Wie hatte er, ein hellhäutiges, von seinem Aborigine-Vater verstoßenes Kind, als einziger von seinen ehemaligen Spielgefährten überleben können? Wo gehörte er hin? Sechzig Jahre lang hatte Roger seine Barrow-Point-Kindheit verdrängt. Dank seiner teilweise europäischen Abstammung hatte er entsprechend der in der Mission geltenden, nach Schicht und Hautfarbe ausgerichteten Hierarchie eine Ausbildung erhalten und eine Familie gegründet. Jetzt versuchte er, seine frühesten Erinnerungen mit dem Rest seines Lebens zu verbinden, und Rogers Fragen steckten nicht nur Tulo Gordon an, sondern auch mich selbst.

Tulo war schon immer ein rastloser, neugieriger und kritischer Geist gewesen, doch jetzt wollte er den Sinn seines Lebens entdecken und die Ereignisse verstehen, die seine Kindheit geprägt hatten – beides aus dem Blickwinkel eines Aborigine, der überall im Norden von Queensland hätte leben können. Konkret kämpfte er gerade um seine Rente und mußte aus bürokratischen Gründen ein genaues Geburtsdatum angeben; daher faszinierten ihn der Erinnerung entrissene Ereignisse und ihre Daten. Generell wollte er seine widersprüchlichen Gefühle gegenüber Missionaren, Kirche, Rasse, traditionellen Vorschriften, Territorium, Eigentumsrecht und Moderne miteinander versöhnen. Das waren die Themen, die ihn bis zu seinem Tod 1989 leidenschaftlich bewegten, sei es in Gedanken, Worten, Bildern oder Texten.

1982 unternahmen Roger Hart, Tulo Gordon und ich den langen Marsch zurück zu Rogers Geburtsort Barrow Point, den er seit sechzig

Jahren nicht mehr gesehen hatte. Roger und ich wanderten im September 1984 erneut zu Fuß dorthin und 1989 noch einmal, diesmal mit dem Wagen. Auf diesen Fahrten ebenso wie im täglichen Leben waren die Fragen nach Abstammung und Biographie so präsent wie Sand, Meer und Wetter. Je tiefer wir in Rogers Erinnerungen eindrangen, um so stärker beherrschte sein Leben als Mitglied einer mittlerweile untergegangenen »Abstammungsgruppe« unsere Gespräche. Ganz allmählich führten seine Erinnerungen und die seiner Zeitgenossen, ergänzt durch altes Archivmaterial, zu einer Reihe miteinander verbundener Geschichten, die ich in dem vorliegenden Buch zusammengestellt habe.

Beginnen wir also da, wo Roger und ich begonnen haben, mit den ersten Episoden der Geschichte von *Wurrey*, dem alten Fog, jenem schlitzohrigen Helden der Barrow Point People. Fogs Abenteuer zeichnen die Grenzen der bekannten und von Roger Harts Vorfahren beanspruchten Welt nach. Gleichzeitig illustrieren sie, meist anhand negativer Beispiele, die Gesetze, die das Verhalten innerhalb dieser Grenzen bestimmten. Roger, Tulo Gordon und ich haben diese Episoden immer wieder durchgesprochen. Wir fanden sie stets unterhaltsam, aber sie bringen einen auch »zum Nachdenken«, wie Tulo einmal bemerkte. Sie waren für die Ohren initiierter Erwachsener bestimmt und daher nicht bloß Geschichten über eine Zeit, als die Tiere Menschen waren, sondern moralische Lektionen über die Welt der Aborigines.

## WURREY

Diese Geschichte handelt von Wurrbal, dem Old Man Fog. In der Sprache von Barrow Point heißt er *Wurrey*. Die Geschichte beginnt bei ihm zu Hause in Yidamugu, Red Point.

Eines Tages machte er sich auf den Weg in den Westen.[16] Er ging, bis er zum Jeannie River kam. Dort stieß er auf Old Lady Curlew. Ich nenne sie *Yimbaarr*. Sie lebte allein, gleich neben dem Fluß.

Old *Wurrey* hatte sein Fischernetz dabei und trug es auf dem Rücken. Er wußte, daß Old Lady Curlew Unmengen von Fischen hatte, aber sie behielt alle für sich. Sie züchtete verschiedene Arten in einer großen Lagune unweit ihres Lagers am Jeannie River. (Die Lagune gibt es heute noch.) Man konnte sehen, wie ihre Flossen aus dem Wasser lugten und die Schwänze es aufpeitschten, bis kleine

Wellen die Oberfläche kräuselten. Old Fog war hergekommen, um ein paar Fische zu fangen.

Als er näher kam, konnte er die Fische in der Lagune sehen, aber er sagte nichts. Zuerst versteckte er sein Netz im Gras, damit Curlew es nicht sah. Dann ging er zu der Old Lady.

»Ich habe großen Durst«, sagte er. »Bitte, gib mir etwas Wasser. Könnte ich vielleicht aus der Lagune dort im Osten trinken?«

»Nein, nein, geh da nicht hin«, antwortete *Yimbaarr*. »Du kannst in meinem Brunnen nachsehen, drüben auf der Nordseite. Hol dir da was zu trinken.«

So ging Fog zur Nordseite ihres Lagers, wo er den Brunnen fand. Es war eine Quelle, in unserer Sprache *athiirr thuyu*.

Zuerst warf er einen Blick zurück nach Süden, wo die Old Lady saß. Sie achtete nicht auf ihn. Dann faßte er mit der Hand in den Brunnen und wirbelte das Wasser auf, bis es so schmutzig war, daß man es nicht mehr trinken konnte. Als es schön schlammig war, ging er zurück zu Old Curlews Lager.

»Gaw!« rief er ihr zu. »Dieses Wasser kann ich nicht trinken.«

»Warum nicht?«

»Weil es voller Schlamm ist.« Er log sie an, versteht ihr?

Die Old Lady stand auf und ging selbst nachsehen. Er hatte recht, das Wasser war voller Schlamm.

»Wieso ist das Wasser so schmutzig?«

»Ich habe keine Ahnung, was meinst du?« antwortete er.

»Na schön, komm mit.« Sie führte ihn zu der großen Lagune südlich von ihrem Lager. »Mach keinen Lärm«, sagte sie. »Geh ganz langsam und ruhig hinein, dann kannst du von dem Wasser trinken.« Sie hatte Angst, Fog könnte die Fische aufschrecken, so daß sie wild durcheinander sprangen. Sie glaubte, er wüßte nicht, daß sie da waren.

Dann ging die Old Lady zu ihrem Lager zurück und setzte sich wieder hin, ohne sich weiter um ihn zu kümmern.

Als sie weg war, trat Fog näher an die Lagune heran. Er machte sich gar nicht erst die Mühe zu trinken, versteht ihr, denn eigentlich hatte er überhaupt keinen Durst. Dann ging er zurück zu Old Lady Curlew und sagte: »Ich glaube, ich gehe jetzt wieder. Bis zum nächsten Mal dann.« Das war schon wieder gelogen.

Fog hielt sich Richtung Osten und holte sein Netz aus dem Versteck. Dann schlich er zurück zur Lagune. Dort schaute er noch einmal über die Schulter, um sicher zu sein, daß die Old Lady ihn nicht beobachtete.

*Fog wirft Old Lady Curlew auf die Fische*

Er nahm sein Netz, warf es in die Lagune und zog eine große Menge Fische ans Land. Es waren große, dicke Fische, die das Wasser aufwühlten.

Die Old Lady hörte den Lärm. Sie sprang auf und rannte zur Lagune, um nachzusehen, was los war. Was hatte dieses Planschen zu bedeuten?

Als Old Lady Curlew sah, wie Fog sein Netz auswarf und ihre Fische stahl, fing sie an zu schimpfen. Sie stand da und stieß die schrecklichsten Verwünschungen aus.

Da wurde Wurrbal wütend. Er ließ das Netz liegen und lief nach Westen. Die Old Lady stand immer noch da und beschimpfte ihn. Er hob sie einfach hoch, trug sie ans Ufer zurück, wo die Fische im Netz zappelten, und warf sie mitten in den Haufen.

»Ngaanhigay!« kreischte sie. »Au, au, au!« Sie heulte vor Schmerz.

Die harten Gräten der Fischflossen hatten sich in ihre Knie gebohrt. Tja, noch heute haben die Curlew-Weiber häßliche, unförmige Kniescheiben. Das kommt davon. Old Lady Curlews Knie schwollen an, nachdem sich die scharfen Gräten der Flossen hineingebohrt hatten. Curlews tragen dieses Mal bis heute. Ihre Knie sind noch immer geschwollen.

Sie heulte weiter: »Ngaanhigaaay!«

Noch heute kann man des Nachts hin und wieder Curlews verzweifeltes Jammern hören. Sie heult über den Schmerz in ihren geschwollenen Knien.

Hier beginnt Old Fogs Geschichte, in der großen Lagune am Jeannie River.

Old Fog ließ Curlew liegen, wo er sie hingeworfen hatte. Er hatte es eilig, seine Fische in Sicherheit zu bringen. Er zog das Netz hinter sich her bis hinunter zum Fluß. Früher ist der Jeannie River niemals ausgetrocknet. Er führte immer Wasser, wenn es auch damals nicht sehr tief war.

Nun gab es da zwei Duburrubun-Brüder, zwei Magpies. Sie bewohnten ein Lager in der Nähe von Old Lady Curlew. Die alte Frau hatte sie unter ihre Fittiche genommen. Als Old Fog auftauchte, waren sie gerade auf der Jagd, um Fleisch für sie zu besorgen.

Während Old Fog damit beschäftigt war, die Fische zum Fluß hinunterzuschleppen, kamen die beiden Magpies zum Lager der Old Lady zurück. Sie hörten sie ächzen und stöhnen.

»Was ist los?« fragten sie.

»Oooh, der verdammte alte Fog hat mich in einen Haufen Fische geworfen«, jammerte sie, »und ihre Flossen haben sich in meine Knie gebohrt.«

»Wo ist er jetzt?«

»Er ist in diese Richtung gelaufen und schleppt mein minha den Fluß hinunter.«

Die Magpie-Brüder sprangen auf und machten sich auf die Suche nach Old Fog. Der ältere Bruder lief hinunter zum westlichen Ufer des Flusses, und der jüngere Bruder lief runter zum östlichen Ufer. Nach einer guten Weile blieben sie stehen, in der Hoffnung, Old Fog zu erwischen. Doch Fog schleppte sein Netz flußabwärts, und es verursachte eine große Flutwelle da, wo er vorbeizog. Er ging immer weiter.

Die Brüder liefen weiter flußabwärts. Dann blieben sie wieder stehen, um sich umzusehen. Wurrbal war schon weitergegangen, diesmal in Richtung Norden.

Und wieder liefen sie ihm nach. Doch jedesmal, wenn sie stehenblieben, um aufs Wasser zu schauen, war es still. Die Flutwelle war bereits verebbt. Old Fog war ihnen immer noch voraus und zog sein Netz mit den Fischen durch den Fluß.

Schließlich kamen die beiden Magpies an die Mündung des Flusses. Sie sahen sich um. Wo war er? Sie blickten nach Norden, und da entdeckten sie, daß Fog sein Netz um einen Felsen gleich nördlich der Flußmündung geschlungen hatte. Er hatte alle Fische freigelassen. So kam es, daß schließlich einige Arten von Süßwasserfischen aus Curlews Lagune ins Meer gelangten.

Old Wurrbal war landeinwärts verschwunden. Er hatte sich aus dem Staub gemacht und ging seiner Wege.

»Na gut, da können wir nichts machen.« Die beiden Magpie-Brüder hatten ihn nicht erwischt, bevor er das Meer erreicht hatte.

Trotzdem gaben sie nicht auf. Sie hielten sich landeinwärts, folgten seinen Spuren, und ihr dürft ruhig wissen, daß sie *Wurrey* schließlich doch aufspürten.

Das war Fogs erstes Abenteuer. So fing es an mit seinen Lügengeschichten.

## FOG BESUCHT GURAABAN

Nachdem *Wurrey* die Fische freigelassen hatte, lief er wieder landeinwärts. Er wanderte eine Weile nach Westen und eine Weile nach Norden. Nach einiger Zeit kam er zu einem Berg, der **Guraaban** oder Brown's Peak heißt. Dort hatte eine große Gruppe ihr Lager aufgeschlagen.

Old Fog marschierte von Süden her geradewegs in das Lager hinein.

»Hier bin ich! Ich bin gekommen«, sagte er und setzte dann hinzu: »Nach dem weiten Weg ist mein Bauch schrecklich hungrig.«

Die Leute im Lager waren froh, ihn zu sehen. Sie glaubten, er würde ihnen Neuigkeiten bringen.

»Ma, setz dich.« Sie zeigten ihm einen Platz, wo er sich ausruhen konnte. »Geh dort rüber, in den Schatten.«

Nachdem Fog es sich gemütlich gemacht hatte, bedrängten sie ihn mit Fragen. »Was gibt es Neues im Osten?« fragten sie. »Wie geht es den Leuten da drüben? Sind alle gesund? Wie geht es meinem Onkel? Wie geht es meiner Großmutter?«

*Wurrey ißt Honig am Brown's Peak*

Nun, irgendwas mußte Fog ihnen antworten. Also fing er an, Neuigkeiten zu erfinden.

»Ah, alle sind wohlauf«, begann er. »Nur die Großmutter von dem da ist gestorben«, fuhr er fort und zeigte mit dem Finger auf einen der Umstehenden. »Deine Großmutter im Osten ist gestorben.«

Jetzt fingen die Märchen erst richtig an.

»Ja, ja, sie ist gestorben, gestern erst.«

Die Leute begannen zu jammern und zu wehklagen.

Doch *Wurrey* kam gerade erst in Fahrt. »Ja«, sagte er. »Und der Vater von dem da ist auch gestorben.«

Er wandte sich an den Mann. »Dein Vater ist gestern gestorben, es tut mir leid, dir das mitteilen zu müssen. Er wurde von einem Speer durchbohrt.«

Jetzt brach auch diese Gruppe in Tränen aus. Die Leute beschmierten sich die Gesichter mit weißem Lehm, um ihre toten Angehörigen zu betrauern.

»Ihr solltet nach Osten gehen und dort um sie trauern«, sagte Old Fog. »Aber fangt nicht jetzt schon zu weinen an. Ich habe wirklich großen Hunger.«

Er setzte sich wieder in den Schatten.

»Bringt mir was zu essen.«

Die Leute im Lager mußten ihre Toten für eine Weile vergessen. Sie gingen los, um nachzusehen, was sie Fog zu essen geben könnten. Aus einem Bienenstock in der Umgebung hatten sie ein wenig wilden Honig gestohlen, *u:lgal*.

»Hier, trink das.« Sie reichten Old Fog den *u:lgal*.

Fog war ein schlauer Fuchs. Während sie den Honig mit Wasser vermischten, grub er ein Loch in die Erde. Er grub und grub, aber heimlich, versteht ihr, damit niemand es bemerkte. Als das Loch tief genug war, rutschte er seitwärts, bis er genau darüber saß.

Sie brachten den Honig dahin, wo er saß, und er fing an zu trinken. Aber das war sein Trick, versteht ihr: Der Honig floß in seinen Mund und geradewegs durch ihn hindurch in das Loch.

Die Leute mischten mehr und mehr Honig mit Wasser und reichten es ihm. »Hier, trink das! Fühlt sich dein Bauch schon besser? Bist du jetzt satt?«

»Noch nicht, *guya*. Bringt mir noch ein bißchen mehr, ja?«

Wieder mischten sie Honig mit Wasser und trugen ihn an die Stelle im Osten des Lagers, wo er saß. Aber er hatte immer noch nicht genug, und sie hörten nicht auf, ihm frischen Honig zu bringen.

»Was hat dieser Bursche bloß für einen Magen?« fragten sie einander. »Onkel Fog ißt und ißt. Eigentlich müßte er längst satt sein, aber er schreit immer noch nach mehr.«

Allmählich wurden die Leute aus dem Lager mißtrauisch. Sie traten zu Old Fog, der im Schatten des Baumes saß, und stießen ihn um.

»Hey, dagu,[17] der alte Mann hockt mit seinem Steiß genau über einem tiefen Loch. Der Honig läuft einfach durch ihn durch in das Loch!«

Sie schickten ein paar Kinder los, um bayjin-Gras zu holen. Dann stopften sie Old Fog das schwammige Zeug in den Hintern, so daß der Honig nicht mehr rausfließen konnte.

»Aber ich habe immer noch Hunger«, sagte Fog.

Sie verrührten ihren letzten Honig mit Wasser und gaben ihm die Mischung. Er trank aus, und diesmal schwoll sein Bauch an, bis er voll war.

»Ah, jetzt bin ich satt. Das war genug. Ich glaube, ich mache mich jetzt wieder auf den Weg«, sagte Old Fog und stand auf.

Als die Leute im Lager sahen, daß er mit dem Essen fertig war, fielen ihnen ihre Toten wieder ein. Sie fingen aufs neue an, zu wehklagen und sich die Gesichter mit weißem Lehm zu beschmieren. Dann gingen sie daran, eine Wanderung zu planen, um ihre Verwandten zu begraben.

»Morgen gehen wir nach Osten, um uns um unsere Toten zu kümmern«, sagten einige.

»Brechen wir lieber gleich auf«, sagten andere.

Old Fog schenkte ihnen keine Beachtung mehr. Er stand einfach auf und machte sich mit dem Bauch voller Honig wieder auf den Weg nach Westen.

## DER RIESENGROSSE DINGO DOG

Fog verließ Guraaban und wanderte nach Westen. Auf halber Strecke zu seinem Ziel machte er Halt, um sein Nachtlager aufzuschlagen.

Ihr könnt euch sicher noch an die beiden Magpie-Brüder erinnern. Sie waren Old Fog gefolgt, seit er im Osten war, bevor er alle Fische freigelassen hatte. Von der Mündung des Jeannie River waren sie seinen Spuren in Richtung Westen gefolgt. Doch sie hatten sich immer ein wenig südlich von ihm gehalten und aufgepaßt, daß sie ihm nicht zu nahe kamen.

Jetzt übernachteten die Magpie-Brüder an einer Stelle nördlich von Jones's Gap, einem Einschnitt in einer Kette hoher Berge. Sie waren zu Besuch im Lager von Old Lady Carpet Snake. Da sie noch junge Kerle waren, blieben sie in ihrer Nähe, aber nicht zu nahe. Diese alte Frau hatte einen großen Hund, müßt ihr wissen, einen riesengroßen Dingo Dog.

Die beiden Brüder hatten vorgehabt, Fog in einen Hinterhalt zu locken, doch mittlerweile hatten sie großen Hunger. Sie versuchten, etwas zu jagen. Plötzlich rochen sie etwas, das einen Leckerbissen verhieß. Sie schauten in alle Richtungen, um festzustellen, was es war. Der Duft kam aus Norden. Sie suchten und suchten, und wenig später fanden sie einen Leichhardt-Baum.

»Aah«, sagten sie. »Das sind die Früchte der Old Lady.«

Sie fingen an zu essen, was um den Baum herum lag. Sie aßen und aßen und aßen. Als sie alle heruntergefallenen Früchte aufgegessen hatten, waren sie immer noch nicht satt. Also kletterten sie auf den Baum und machten sich leise über die reifen Früchte her. Sie aßen und aßen und aßen, bis der Abend dämmerte.

Da kam Old Lady Carpet Snake vom Westen zurück. Die beiden Magpie-Brüder hörten, wie sie näher kam und mit sich selbst redete.

*Die Magpie-Brüder bewerfen Old Lady Carpet Snake mit Früchten*

»Ich geh nur hin und hole mir mein mayi.[18] Ich geh und esse meine Früchte«, sagte sie und kam näher und näher.

Die beiden Magpies sagten gar nichts. Sie hockten mucksmäuschenstill auf dem Baum.

Die alte Frau kam zu ihrem Leichhardt-Baum. Sie hielt unter dem Baum Ausschau nach ihren Früchten. Sie suchte überall.

»Wo ist das mayi?« sagte sie. »Vielleicht ist es noch nicht reif.«
Sie suchte und suchte weiter. Nichts.

Der jüngere Magpie-Bruder pflückte eine unreife Frucht vom Baum und warf sie nach Old Lady Carpet Snake. Er traf ihren Rücken, denn sie hatte sich gebückt, um auf dem Erdboden nach Früchten zu suchen.

»Ngaanhigay!« rief sie, so groß war der Schmerz. »Was hat mich da im Rücken getroffen? Es müssen die Früchte sein, die vom Baum fallen!«

Also griff sie nach der Frucht und verschlang sie.

Der jüngere Magpie-Bruder brach noch mehr Früchte ab und warf sie hinunter. Es war der jüngere, der auf diese Idee gekommen war, versteht ihr? Er warf immer mehr unreife Früchte herunter. Die Old Lady hob sie auf und verschlang sie.

Dann sagte sie: »Wo kommt das mayi her?« Sie sah auf. In dem Moment warf er wieder eine Frucht, und sie landete genau auf ihrer Nase.

»Ngaanhigay! Diesmal hat es meine Nase erwischt!«

Tatsächlich hatte die Frucht ihre Nase so hart getroffen, daß sie ganz plattgedrückt war. Wenn man heute eine Carpet Snake trifft, kann man sehen, daß sie ein flaches Gesicht hat. Nun, jetzt wißt ihr, warum.

Wie auch immer, sie entdeckte die beiden Magpie-Brüder auf dem Baum und rief: »Ihr zwei Schlingel seid es also? Kommt sofort da runter! Oh, meine arme Nase!«

Die beiden Magpie-Brüder kletterten vom Baum herunter.

Dann gab ihnen die Old Lady noch ein Versprechen. »Morgen bringe ich euch mein Hündchen. Es ist ein süßer kleiner Kerl.« In Wirklichkeit wollte sie die beiden in eine Falle locken. »Ich bringe euch meinen kleinen Hund, und ihr könnt ihn für die Jagd abrichten.«

»Na schön, bring ihn nur«, sagten sie.

Sie ließ die beiden laufen, und sie gingen Richtung Süden davon.

Dann fingen sie an, die Sache zu bereden. Der jüngere Bruder fragte den älteren Bruder: »Ob die alte Frau die Wahrheit sagt? Sie hat gesagt, sie bringt uns ein süßes Hündchen.«

Der ältere Bruder antwortete: »Hündchen? Ha! Das ist ein riesiger Köter! Am besten machen wir uns so schnell wie möglich aus dem Staub, sonst frißt er uns noch alle beide auf. Los, laufen wir!«

Und so rannten sie los. Sie rannten und rannten, di di di di,[19] Richtung Süden.

Derweil ging Old Lady Carpet Snake zurück zu ihrem Lager im Westen. Sie ließ ihren riesengroßen Hund frei und hetzte ihn auf die beiden. Der Hund rannte los und folgte ihrer Fährte von Norden nach Süden.

Die Magpies hörten den Hund bellen und jaulen und rannten weiter nach Süden, immer weiter. Heutzutage ist Jones's Gap ja ziemlich breit, aber damals war es nur ein schmaler Einschnitt in den Bergen. Das war vor vielen tausend Jahren. Die Brüder trennten sich. Einer kletterte an der Südseite hinauf und der andere an der Nordseite. Sie hatten beschlossen, ihre Haut zu retten, indem sie den riesengroßen Dingo mit ihren Speeren durchbohrten.

Mittlerweile war der Hund direkt unter ihnen. Man sah schon seine Zunge.

Der jüngere Bruder sprach als erster. »Ich werfe jetzt meinen Speer.« Der jüngere Brüder war Linkshänder, müßt ihr wissen.

Der ältere Bruder sagte: »Nein. Du könntest ihn verfehlen. Überlaß ihn lieber mir.«

Inzwischen kam der große Dingo immer näher. Jetzt sah man auch seinen Kopf. Er lief nach Westen. Der älter Bruder griff nach seinem Speer und warf ihn von Norden nach Süden hinunter. Gleichzeitig warf der jüngere Bruder seinen Speer vom Süden. Und so warfen die beiden ihre Speere aus entgegengesetzten Richtungen.

Früher erstreckte sich unterhalb von Jones's Gap eine große, flache Ebene nach Osten. In dieser großen, flachen Ebene töteten die beiden Brüder schließlich den riesengroßen Dingo Dog. Er wälzte sich hin und her und knickte dabei alle Bäume um.

Als die Brüder den Hund getötet hatten, fingen sie an, ihn zu zerlegen. Sie hackten und hackten und hackten. Na schön. Als sie fertig waren, nahmen sie das Fleisch und schleppten es nach Westen. Sie schleppten es einen weiten Weg, bis hinunter zum Wakooka Creek.

Die Leute glauben, daß sich selbst heute noch irgendwo oberhalb des Flusses eine große Höhle befindet. Das ist die Stelle, an der sie ein Loch für den Erdofen gruben. Sie machten ein großes Feuer in dem Loch und bedeckten es mit Steinen. Dann sengten die Brüder dem riesengroßen Dingo Dog das Fell ab. Die Fleischstücke steckten sie in den Ofen.

Dann warteten sie. Doch zuerst nahmen sie ein Bad. Sie suchten sich ein schattiges Plätzchen und machten ein Nickerchen, während das Fleisch vor sich hin schmorte. Schließlich ging die Sonne unter. Sie schliefen und schliefen und schliefen.

Irgendwann standen sie auf. »Also gut, holen wir es raus.«

Sie öffneten ihren Erdofen. Sie nahmen alles Fleisch heraus und ließen den heißen Dampf entweichen. Dann legten sie die Stücke eins nach dem anderen zum Abkühlen auf den Boden.

Gerade als sie dabei waren, ihr minha aus dem Ofen zu holen, tauchte von Süden her Old Fog auf. Die beiden sahen ihn kommen. »Ah, da ist er ja. Hierher ist er also gelaufen«, sagten sie.

Sie begrüßten ihn. »Da bist du ja, lieber Großvater«, sagten sie. »*Adhi-dhu imbwirrin*. Unser Großvater ist gekommen.«

»Ja, ich bin es. Ich bin gekommen.« Er hatte schon wieder großen Hunger.

»Nun, dann komm her. Komm und sieh dir das Fleisch an«, sagten die Magpie-Brüder.

Fog trat zu ihnen und setzte sich.

»Welches Stück möchtest du, Großvater? Das Bein vielleicht?«

»Hmm-hmm.«

»Oder was sonst? Den Arm vielleicht?«

»Hmm-hmm.«

»Tja, was möchtest du dann? Den Rücken?«

»Hmm-hmm.«

Da sagte der ältere Bruder zu dem anderen: »Ich glaube, er möchte den Kopf.«[20] Der ältere Bruder fragte Fog: »Welches Stück möchtest du dann? Etwa den Kopf?«

»Ja, gebt mir den.«

Also mußten sie ihm den Kopf geben. Dann packten sie das ganze restliche Fleisch ein und machten sich auf den Rückweg zu ihrem Lager.

Old Man Fog nahm den Kopf des riesengroßen Dingo und marschierte geradewegs nach Osten. Er kletterte und kletterte, bis er den Gipfel von Jones's Gap erreicht hatte. Dort legte er den Kopf ab und dachte sich einen Zauber aus. Er beschloß, diesem Hund Augen zu geben. (Vgl. Farbtafel 1)

Ihr müßt nämlich wissen, daß zu jener Zeit alle Tiere blind waren. Emus, Wallabys, Känguruhs – keines von ihnen konnte sehen. Wenn Menschen auf die Jagd gingen, brauchten sie sich ihrer Beute nur zu nähern und sie mit einem Stock zu erschlagen. Die armen Dinger waren blind, deshalb rannten sie nicht weg.

Fog nahm den Kopf des Dingo und säuberte ihn. Dann sagte er zu ihm: »Das sind deine Augen. Sssuuuu! Benutz deine Augen, um dich vor den Menschen zu hüten. Und das ist deine Nase. Sssuuuu! Wenn bama[21] auf der dem Wind zugewandten Seite kommen, benutz deine Nase, um ihren Schweiß zu wittern, und lauf weg.«

So hat er alles verändert, versteht ihr? Das Fleisch war ihm gar nicht so wichtig. Er gab dem Schädel des Dingo Augen und eine Nase. Dann grub er und grub und grub, bis er ein großes Loch ausgehoben hatte. Er legte den Schädel hinein und häufte Erde darauf. Schließlich bedeckte er die Stelle mit großen Steinen. Wenn man dort vorbeikommt, kann man die Steine heute noch sehen. Er hat alle Tiere verändert, indem er den Schädel dort begraben hat.

Als Fog den Schädel des riesengroßen Dingos mit Erde und Steinen bedeckt hatte, machte er sich wieder auf den Weg. Er verschwand.

# DIE GESCHICHTEN: BESITZ UND MORAL

Roger Hart und Tulo Gordon lachten über die Geschichte von *Wurrey*. Wir saßen zu dritt auf der Veranda des alten Krankenhauses von Hopevale und bereiteten die Verfilmung mehrerer Episoden aus diesen Geschichten vor. Von unten aus der Stadt hörten wir das Pfeifsignal: Zeit für den Afternoon Tea.

Wie immer sprachen wir auch an diesem Tag eine Mischung aus Guugu Yimithirr und Englisch, durchsetzt mit einzelnen Brocken aus Rogers Barrow-Point-Sprache. Tulo Gordon war einer meiner Guugu-Yimithirr-Lehrer gewesen und gab sich immer noch alle Mühe, meine Sprachkenntnisse zu verbessern. Roger Hart hatte mich als praktisch einzigen Gesprächspartner in Barrow Point angenommen. Offenbar reizte ihn die Möglichkeit, seine im wahrsten Sinne des Wortes geheime Sprache mit jemandem zu teilen.

Eines habe ich von Roger Hart gelernt: Man kann Geschichte zusammenbauen oder sich ins Gedächtnis rufen, ohne ein einziges Mal die Vergangenheit zu erwähnen, einfach indem man bestimmte Worte gebraucht. Die Barrow-Point-Sprache hatte, was die Erinnerung angeht, einen enorm beschwörenden Charakter für uns, weil sie untrennbar mit der Vergangenheit verknüpft war. Allein der Klang eines Barrow-Point-Ausdrucks konnte die Interaktion neu definieren oder der Unterhaltung eine neue Richtung geben.

Roger Hart war als Native speaker der Barrow-Point-Sprache mit praktischen Kenntnissen anderer Dialekte – vor allem der Sprache der Flinders Islands, die man in der Gegend von Cape Melville sprach – aus dem »Norden« nach Hope Valley gekommen. Er konnte weder Englisch noch Guugu Yimithirr, die Sprache von Cooktown. Der einzige andere Junge aus Cape Melville, der bereits in Cape Bedford lebte, hatte seine eigene Sprache verlernt, daher mußte Roger mit der Verständigung noch einmal von vorne anfangen. In der Schule von Hope Valley lernte er ein leicht veraltetes Schulbuchenglisch und konnte sich bald flüssig in Guugu Yimithirr ausdrücken. Diese beiden Sprachen fallen ihm bis heute am leichtesten.

Es war klar, daß Roger seine eigene Sprache in vielerlei Hinsicht »vergessen« hatte, wie er es selbst ausdrückte. Seit er die Missionsschule besuchte, hatte er Angst vor seinen Barrow-Point-Angehörigen, wenn sie nach Cape Bedford kamen, um ihn zu besuchen. Für den kleinen Missionsschüler, der in einer auserwählten Gruppe zum Teil europäischer Protestanten erzogen wurde, waren die heidnischen Aborigines plötzlich zu einem Symbol für Gefahr und unchristliches Leben geworden.

Als Roger erwachsen war, kam einer seiner Onkel, an den er sich aus Barrow Point erinnerte, als Bootsmann nach Cape Bedford und brachte den jungen Männern, die dort als Matrosen anheuerten, ein paar Brocken der Barrow-Point-Sprache bei. Roger unternahm einen bewußten Versuch, sich seine Muttersprache wieder anzueignen und damit auch Bruchstücke aus der Geschichte und Tradition von Barrow Point. Außerdem fing er damit an, Lebensgeschichten von Verwandten aller Art aus Barrow Point zu rekonstruieren, von denen die meisten inzwischen gestorben waren oder im Territorium der Aborigines verstreut lebten. Nach dem Krieg, dem Exil im Süden und seiner Rückkehr zu der wiederaufgebauten Missionsgemeinde Ende der 60er, Anfang der 70er Jahre lebte Roger Hart außerhalb der Hopevale-Mission in einem Haus, das er gemeinsam mit seinem Jugendfreund Toby Gordon bewohnte. Dieser war damals schon relativ alt und bei schlechter Gesundheit, sprach die Barrow-Point-Sprache jedoch noch fließend. Toby hatte sein ganzes Leben »draußen« verbracht, in Outstations, Aborigine-Lagern und Siedlungen. Da er nie die Art von Ausbildung erhalten hatte, die Roger dank seiner Hautfarbe zuteil geworden war, gelang es Toby Gordon, Rogers schlummernde Erinnerungen an seine Kindheit in Barrow Point wieder zum Leben zu erwecken.

Je tiefer wir in Rogers Barrow-Point-Sprache vordrangen, um so deutlicher stellte sich heraus, daß seine sprachlichen Einfälle mit ungeheuer vielen Erinnerungen und Geschichten verflochten waren. Wörter aus der Vergangenheit auszugraben, wurde zu einer Obsession. Manchmal konnten wir das Barrow-Point-Äquivalent für ein vertrautes Guugu-Yimithirr-Substantiv oder -Verb nicht finden. Dann klopfte Roger Hart am nächsten Morgen in aller Frühe an meine Tür.

»*Anggatha*«, rief er triumphierend. »Im Traum ist es mir wieder eingefallen.«

Die lexikalischen Probleme wurden durch die Umgebung noch verstärkt. In Hopevale schienen sich selbst Pflanzen und Tiere ganz selbstverständlich in Guugu Yimithirr zu benennen, der Sprache dieser Gegend. Doch wie hieß diese oder jene Frucht oder Pflanze, die Roger aus seiner Kindheit in Barrow Point kannte, die es hier im Süden aber nicht gab? Nachdem wir uns Ende der 70er Jahre mit seiner Sprache zu beschäftigen begonnen hatten, entwickelte sich Rogers linguisti-

sche Rekonstruktion allmählich zu einer ausgewachsenen autobiographischen Reise. Die Suche nach der Bezeichnung für einen
Baum oder Fisch weckte Erinnerungen an die Orte, an denen er zum
ersten Mal einen solchen Baum gesehen oder einen solchen Fisch
gefangen hatte. »Sich an die Vergangenheit erinnern« und »von der
Vergangenheit erzählen« wurden ein und dasselbe. Die Besinnung auf
eine Episode aus einer Geschichte oder den Namen eines Familien-
angehörigen setzte eine ganze Kette von Erinnerungen in Gang: ein
Mann, der sich benommen hatte wie Old Fog, eine Frau, die an einem
bestimmten Ort von einer Schlange gebissen worden war, oder ein
vergessener Verwandter, dessen Name ihm plötzlich einfiel, als er von
einem weit zurückliegenden Ereignis erzählte. So durchdrang die
Vergangenheit immer mehr die Gegenwart.

Im Lauf der Jahre, in denen wir uns unterhielten, bekamen Roger,
Tulo und ich ein gemeinsames Repertoire an Roger-Geschichten.
Seine verschwundenen Verwandten wurden unsere Gefährten; ihre
Taten bildeten die Grundlage für unsere Witze. Geschichten wurden
erzählt, wiedererzählt, umgebaut und neu interpretiert. Oftmals veränderten sich die ursprünglichen Stimmen – gewöhnlich ein poly-
phoner, mehrsprachiger Chorus –, die wir beim ersten Mal gehört hatten, doch ganz verloren sie sich nie.

»Bei dieser Geschichte paßt wirklich alles zusammen, wenn man
sie sich genauer ansieht«, bemerkte Tulo an jenem Nachmittag in
Hopevale. »Old Fog war wirklich ein Schlawiner.«

»Tja, Wurrbal, Old *Wurrey*«, sinnierte Roger. »Er ist mein Totem,
*anggatha athu*.« Roger erhob Anspruch auf eine Verwandtschaft nicht
nur mit *Wurrey*, sondern auch mit den Orten, die dieser aufgesucht
hatte, und den Menschen, denen seine Geschichten gehörten. »Die
Geschichte vom riesengroßen Dingo Dog gehört uns«, setzte er hinzu.

Früher waren die Barrow Point People in zwei große Gruppen auf-
geteilt. Die eine lebte direkt an der Küste von Barrow Point, die andere
verstreut im Landesinneren, hauptsächlich am Fuß der Berge im
Süden. Es waren dieselben Berge, in denen Jones's Gap liegt und Fog
den Schädel des riesengroßen Dingo Dog vergraben hatte. Die Fog-
Geschichten gehören nicht nur beiden Barrow-Point-Gruppen, sondern sorgten tatsächlich für einen Zusammenhalt in der gesamten
Gegend, in der sich Fogs Abenteuer ereignet hatten – vom Jeannie
River bis Bathhurst Head. Rogers Kommentar dazu: »Wir gehören
zusammen. Wegen dieser Geschichte vom Devil Dingo sind wir alle
eins.«[22]

Das soziale Band zwischen Geschichte, Schauplatz und Clan hat aber auch eine dunklere, heutige Seite, nämlich den Verlust des Wissens. »Ich habe keine Verwandten mehr in Barrow Point«, fuhr Roger fort. »Die Jüngeren kennen diese Geschichten nicht mehr. Nicht einmal meine eigenen Söhne – ich habe sie ihnen jeden Abend erzählt, aber ich glaube, sie bringen alles durcheinander.«

Roger erinnert sich, daß er sich einmal mit seinem ältesten Sohn gestritten hat, weil dieser der Jeannie-River-Geschichte ein Element hinzufügen wollte. »Es ging ihm bloß darum, an der Geschichte herumzumäkeln, versteht ihr? Ich muß dazusagen, daß es zwei Arten des *murrabal baramundi* gibt: Die eine lebt im Salzwasser, die andere im Süßwasser. Ich habe ihm erklärt, daß es nicht *meine* Geschichte ist. Ich sagte, sieh mal, die Alten haben mir die Geschichte so nicht erzählt. Ich will keine *eigenen* Geschichten erfinden; sie gehören den Alten. Und was ich gehört habe, gebe ich auch genauso weiter.«

Der Barrow-Point-Begriff *yimpal* (Geschichte – oder *uwu yimpal*, wörtlich »Wortgeschichte«) bezeichnet wie seine Entsprechung auf Guugu Yimithirr, milbi, eine ganze Reihe von Aktivitäten, die mit dem Geschichtenerzählen verbunden sind, und umfaßt »Erzählungen« oder »Mythen« ebenso wie »Neuigkeiten«, »Klatsch« oder einfach »Gerede«. Die Leute in Hopevale sind an ein breites Spektrum von Geschichten in Englisch gewöhnt – darunter »Anekdoten«, »Geschichten aus der Vergangenheit«, »Bibelgeschichten«, »Märchen« und »Legenden« – und treffen keine terminologische Unterscheidung wie milbi oder *yimpal*. Roger Hart aber trennt zwischen »Geschichten« aus der Vergangenheit über das Schicksal entfernter, aber wiedererkennbarer Familienangehöriger und »Geschichten« aus einer viel früheren Zeit, als die Tiere noch aufrecht gingen, jagten und aßen wie Menschen und die gegenwärtigen Lebensumstände festgelegt wurden.

Man weiß, was am ersten Typ von Geschichten manu buthun (wahr) ist, weil es Zeugen gibt, die die entsprechenden Ereignisse miterlebt und später weitererzählt haben; so sind sie von Mund zu Mund weitergereicht worden. Im Gegensatz dazu kennt man die Geschichten des zweiten Typs nicht, weil jemand sie unmittelbar miterlebt hat, sondern weil jemand, der das Recht und das Wissen besitzt, die Geschichte zu erzählen – ein Großvater, ein Onkel oder vielleicht ein Ältester bei einer Initiation –, sie in allen Einzelheiten weitergegeben hat. Man kennt die Geschichte, weil man sie aus berufenem Mund gehört hat.

Aber es besteht auch eine wichtige Ähnlichkeit zwischen den beiden Typen. Die moralischen Prinzipien, die das Leben der Aborigine-Gemeinschaft prägen, liegen allen *yimpal* zugrunde, so wie sie dem Verständnis der Ereignisse in der Gegenwart und der unmittelbaren Vergangenheit zugrunde lagen, bevor die bama *way* allmählich aus dem Blickfeld verschwand, was viele Leute aus Roger Harts Generation beklagen. Doch noch wichtiger ist, daß alle diese »Geschichten« – wie Sprache, Land oder Wissen im allgemeinen – ein Besitztum sind. Sie gehören Menschen und Orten. Eine Geschichte kann mir gehören, nicht (nur), weil ich dabei war, als sie sich zugetragen hat, oder weil ich sie als erster gehört habe, sondern auch, weil sie jemandem passiert ist (oder sich an einem Ort zugetragen hat), der mir gehört – meinen Leuten, in meinem Land –, weil es eine Geschichte ist, die meine Familie an mich weitergegeben hat. Und das gibt mir das besondere Recht, an den lustigen Stellen zu lachen, am Ende der Geschichte den Kopf zu schütteln und die Geschichte sogar selbst zu erzählen. Sie betrifft mich. Kein Wunder, daß Roger Hart Anspruch auf Old Fog als seinen Verwandten, seinen »Freund« oder Mentor erhebt.

Dabei ist Fog auf den ersten Blick alles andere als bewundernswert. In den ersten Episoden seiner Geschichte wandert er von Red Point zum Jeannie River – damals eine ziemlich wichtige Grenze zwischen den Sprechern des Guugu Yimithirr im Süden und den Sprechern einer Reihe deutlich verschiedener, aber miteinander verwandter Sprachen im Norden –, bevor er sich auf den Rückweg durch das Territorium dieser nördlichen Gruppen macht und dabei bestimmte Orte durch seine Abenteuer und Gaunereien im Gedächtnis der Menschen verankert. Wir haben bereits gesehen, wie er lügt, stiehlt, betrügt und böse Zauber erfindet. Aber es kommt noch schlimmer.

Fog ist ein klassischer Tunichtgut: Er steht für bestimmte Regeln im Leben der Aborigines, manchmal kraft seiner eigenen Widersprüchlichkeit. Ja, er stiehlt Old Lady Curlews Fische, aber warum hatte sie auch alle für sich behalten? Ja, er wirft sie in das Netz mit den Fischen, aber es war auch ungehörig und unklug von ihr, ihn zu beschimpfen. Er beschwindelt die Leute von Guraaban, als er ihnen weismacht, ihre Angehörigen seien gestorben, aber sollten sie sie nicht längst mal wieder besucht haben? Dazu kommt das komplizierte und ambivalente Thema Nahrung. Einerseits macht es eine Menge Arbeit aufzutreiben, was man zum Essen braucht, ohne die der Allgemeinheit vorbehaltenen Ressourcen des Buschs zu gefährden; andererseits muß man teilen, was man hat. Fog pocht auf sein Recht,

*Fog vor seiner Höhle bei Bathhurst Head*

am Essen der anderen zu partizipieren, versucht aber auch, allzu leichte Beute vor der gefräßigen Habgier der Menschen zu schützen.

»Diese Geschichten dienten dazu, uns an etwas zu erinnern. Sie sollten die Menschen lehren, sie ›ermahnen‹.« Roger verwendet den Guugu-Yimithirr-Ausdruck, der wörtlich »die Ohren langziehen« bedeutet. »Diese Geschichten geben den Menschen ein Beispiel, dem sie folgen sollen. Ihr seht, wie Old Fog sich verhält. Sie lehrten bama, nicht das zu tun, was er tut. Bei unseren Leuten galten äußerst strenge Regeln – anders als heute, wo die Menschen die richtige Lebensart verloren haben.«

Roger erzählt von einer fast traumartigen Erinnerung an das letzte Mal, als er seinen Aborigine-Vater sah. Man hatte den kleinen Jungen nach Cape Bedford gebracht, damit er dort von weißen Missionaren aufgezogen wurde. Zwar hatte Roger anfangs versucht wegzulaufen, doch mittlerweile hatte er sich an das Leben in der Mission gewöhnt. Ein paar Monate, vielleicht sogar ein Jahr, nachdem sie ihn nach Cape Bedford gebracht hatten – Roger weiß es nicht mehr ganz genau –, kamen ein paar Männer aus Barrow Point in die Mission, um sich mit Nahrungsmitteln, Decken und Tabak zu versorgen, bevor sie wieder in ihr eigenes Land im Norden zurückkehrten. Unter ihnen war auch Rogers Vater. Er nahm den kleinen Jungen beiseite, und Roger weiß heute noch, daß ihm das schlechte Beispiel von Old Man Fog dazu diente, Roger zu ermahnen, sich gut zu benehmen.

»»Nimm dir kein Beispiel an Fog‹, sagte er, ›lauf nicht den Frauen nach und spiel nicht mit den Mädchen. Halte dich fern von ihnen. Sei nicht frech, und paß auf, daß du anderen Menschen keinen Kummer und keinen Ärger machst.‹ Er schärfte mir ein, die Gesetze zu befolgen und keinen Unsinn zu machen. Er erklärte mir, wie man sich zu verhalten hat. Am Schluß sagte er: ›Ich komme zurück.‹ Dann ging er fort, und ich habe ihn nie wieder gesehen.«

Roger zieht Parallelen zwischen bestimmten moralischen Vorschriften in Fogs Geschichte und den zehn Geboten der Bibel. »Sie erinnern uns daran, daß wir kein mayi stehlen dürfen, das jemand anderem gehört«, lachte Roger. »Sonst muß man damit rechnen, daß man von einem Speer getroffen wird. All diese Geschichten haben eine versteckte Bedeutung. Sie helfen uns, die alte Lebensart zu bewahren, auch noch angesichts dessen, was später passieren kann, zu unseren Lebzeiten.«

Während wir die Geschichten auf Band aufzeichneten und darüber sprachen, sie niederzuschreiben, sahen wir uns mit einem neuen Problem konfrontiert. Für wen waren diese Geschichten bestimmt? Roger Hart äußerte Bedenken. Zwar waren Tulo Gordons Guugu-Yimithirr-Geschichten vor einigen Jahren als Kinderbücher veröffentlicht worden, aber *Wurreys* Abenteuer hatten einen völlig anderen Charakter. Die Lektionen, die Rogers Erzählungen zugrunde lagen, waren der ernste Stoff, aus dem die Gesetze der Aborigines gemacht sind. Sie werden jungen Männern bei der Initiation eingetrichtert. Noch problematischer war der fragmentarische Charakter der Geschichten, an die Roger sich erinnern konnte. Bestimmt fehlten Teile, vielleicht erinnerte er sich falsch oder erzählte eine Geschichte »rückwärts«. Roger war sich bei einigen Episoden ebenso unsicher wie bei bestimmten Barrow-Point-Wörtern, die in seinem Gedächtnis wild verstreut waren.

Trotz des letzten Besuchs seines Vaters glaubt Roger, daß die Geschichten für Kinder nicht geeignet sind. Sie wurden nicht in aller Öffentlichkeit erzählt, sondern nur zwischen Menschen weitergegeben, die in einer bestimmten Beziehung zueinander standen. Roger erinnert sich, daß er die vollständige Version von Fogs Geschichte erst als Erwachsener gehört hat. Und zwar von Old Yagay, einem älteren

Mann aus Barrow Point, der den Zweiten Weltkrieg überlebt hatte und in der Gegend von Cooktown blieb, als die Leute von Cape Bedford nach ihrem Exil in Woorabinda in den Norden zurückkehrten. Dieser Mann wohnte ein paar Wochen bei Roger, und Roger fragte ihn nach der Geschichte.

»Später fragte ich auch Old Lady Mary Ann[23] danach, und sie hat sie mir erzählt, die arme Alte. Sie war meine *gami*, meine Großmutter von derselben Seite.[24] Es ist ganz in Ordnung, wenn meine *gami* mir die Geschichte erzählt. Nur Leute, die wir als *bama binthu*[25] bezeichnen – solche, die einem nicht heilig sind –, dürfen sie erzählen. Die Old Lady konnte mir alles erzählen, versteht ihr, sie durfte Schimpfworte benutzen, fluchen, Witze machen.«

Statt offen über *Wurreys* Abenteuer zu sprechen, machten die alten Leute nur ganz selten geheimnisvolle Anspielungen auf seine Geschichte. Wenn das Wetter an der Mündung des Mack River klar war, zeigten die alten Männer manchmal auf einen vorspringenden Felsen an der Spitze von Bathhurst Head. »*Wurrey ayila uwer*, seht nur den alten Fog da im Westen, *thurrgu agelu*, wie aufrecht er dasteht und nach Osten blickt‹, riefen sie. ›Fog ist wieder da und hält Ausschau nach Fischen. Da steht er und fischt.‹

Das ist das einzige Mal, daß sie die Geschichte erwähnten. Diesen Teil erzählten sie hin und wieder. Man könnte durchaus sagen, daß sie den alten Fog verehrt haben.«

Eine andere wichtige Episode handelt von der schrecklichen Strafe, die den Übeltätern in einem großen Lager bei Pinnacle zuteil wurde.

»Diese Geschichte, müßt ihr wissen, war sehr heilig. Sie erzählten sie *niemandem*. Als ich noch selbst in Barrow Point lebte, habe ich sie nie gehört. Sie war nicht für Kinderohren bestimmt. Als Yagay kam und bei mir wohnte, erzählte er sie mir. ›Komm her. Hör zu‹, sagte er. ›Man hat euch Kindern davon nichts erzählt. Aber jetzt bist du alt genug.‹ Ich war damals ein erwachsener Mann. ›Also, jetzt werde ich dir eine Geschichte erzählen‹, sagte er. Und dann erzählte er, wie sich die Erde auftat und alle Menschen verschlang.«

## VOM ERDBODEN VERSCHLUCKT

Dies ist kein Märchen.[26] Es ist eine wahre Geschichte. Wer weiß, vor wie langer Zeit sie sich zugetragen hat. Vielleicht war es um 1800. Es ist keine uralte, sondern eine etwas neuere Geschichte. Eine Old Lady hat die Ereignisse als einzige überlebt, und zwar Toby Gordons babi, seine Großmutter. Zu dieser Zeit war sie noch ein kleines Mädchen. (Vgl. Farbtafel 2)

Tobys Großmutter hat alles gesehen. Wenn die Erde auch sie verschluckt hätte, wäre niemand mehr da gewesen, der die Geschichte hätte erzählen können. Durch sie ist sie uns überliefert worden.

Es gab einmal eine große Gemeinschaft von Gambiilmugu-warra People,[27] die im Süden lebten. Auf meiner Seite, zur Küste hin, waren die »älteren Brüder«. Die Hälfte der Gruppe, die im Landesinneren lebte, in der Gegend, die sie Pinnacle nennen, waren die »jüngeren Brüder«. Vielleicht gab es eine Grenze, die beide Gruppen voneinander trennte. Sie wäre irgendwo westlich der Wakooka-Station verlaufen. Obgleich unsere Seite im Norden und ihre im Süden lag, waren in Wirklichkeit alle Gambiilmugu. Wir aus Barrow Point und auch die Wuuri[28] hatten dieselbe Dingo-Dog-Geschichte. Außerdem sprachen wir alle dieselbe Sprache.[29]

Die Pinnacle People waren furchtbar dickköpfig und eigensinnig. Sie hörten auf niemanden, nahmen keinen Rat an und folgten keinem Befehl. Sie waren wild. Außerdem waren sie großartige Jäger. Kein Tier entkam ihnen. Aber sie waren nicht nur hinter minha her. Nachts zogen sie los und schlichen um die Lager anderer Leute. Die Häuser, die sie damals hatten, waren eigentlich nichts weiter als *humpies*. Die Pinnacle-Leute waren auf der Jagd nach Mädchen – keinen kleinen Mädchen, sondern jungen Frauen, deren Brüste gerade zu wachsen begannen. Auf die hatten sie es abgesehen. Sie verschleppten sie zu ihrem Lager im Süden.

Manchmal stießen sie bis zum Jeannie River vor. Sie raubten die Frauen und verschleppten sie in ihre eigene Gegend. Oder sie drangen noch weiter nach Westen und Norden vor und raubten Mädchen aus Bathhurst Head oder von der anderen Seite der Princess Charlotte Bay. Sie holten sich viele Frauen von da oben und brachten sie nach Hause. Nach einiger Zeit war das Lager riesengroß. Viele junge Männer lebten dort, und das war gut so. Die Frauen bekamen allmählich Hunger, und so mußten die Männer auf die Jagd gehen, um alle zu ernähren.

Sie hatten genügend junge Frauen, um sich fortzupflanzen. Dann sagten sie: »Wißt ihr was? Laßt uns nach Norden gehen. Machen wir einen Ausflug zu unseren ›älteren Brüdern‹ und bringen ein paar junge Männer von dort mit.« Und so brachen sie nach Norden auf, in Richtung Küste.

Nun müßt ihr wissen, daß die Männer im Norden von Barrow Point, die an der Küste, ein bißchen älter und reifer waren. Außerdem waren sie ziemlich gewandte Redner. Als die jüngeren Männer aus dem Süden kamen, kümmerten sich ihre »älteren Brüder« an der Küste gerade um ein paar Jugendliche, die zur Initiation dorthin geschickt worden waren. Die »jüngeren Brüder« wollten sehen, wie die initiierten Jungen zurechtkamen.

Als die Pinnacle People an die Küste im Norden kamen, sagten sie zu den Ältesten: »Gebt uns die Jungen. Wir nehmen sie mit in den Süden. Sie sind jetzt richtige Männer.«

Sie hatten nämlich zu der Zeit einfach ein Überangebot an jungen Frauen da unten im Süden.

Die Leute oben im Norden, die »älteren Brüder«, verschlossen ihre Herzen. Zuerst schwiegen sie und gaben ihren »jüngeren Brüdern« keine Antwort.

»Nein«, sagten sie schließlich. »Wir werden diese Jungen nicht in den Süden schicken. Wir haben unsere Jugendlichen thabul (heilig) gemacht. Sie haben ihre nganyja (Initiation) hinter sich. Wenn ihr gegen das Gesetz verstoßen wollt, bitte sehr. Vielleicht werdet ihr von einem Speer durchbohrt, aber geht nur und seid ungehorsam, wenn ihr unbedingt wollt.«

»Gebt uns die Jungen.«

»Nein. Wir denken anders als ihr. Wir haben von euren Plänen gehört, aber wir machen dabei nicht mit.«

»Ach, kommt schon. Laßt die Jungen mit uns in den Süden ziehen. Da bekommen sie Frauen.«

Aber sie sollten keine Frauen bekommen, versteht ihr? Sie sollten nur mit einem Mädchen nach dem anderen schlafen.

Die »jüngeren Brüder« sahen die Köpfe der Jungen genauer an. Wenn sie ein oder zwei graue Haare entdeckten, sagten sie: »In Ordnung, du bist geeignet.« Sie sahen sich die ganze Gruppe an und suchten sich nur die ältesten Jungen aus. Schließlich hatten sie etwa ein Dutzend beisammen. Sie bestanden darauf, diese Jungen mit in den Süden zu nehmen. Schließlich kamen sie an den Ort, wo alle jungen Frauen versammelt waren. Jeder Junge suchte sich ein Mädchen aus und nahm es mit.

All diese Jungen von der Küste brachten ihre neuen Frauen zurück in den Norden. Doch der Rest der Gruppe blieb unten in der Gegend von Pinnacle. Die Männer gingen jeden Tag auf die Jagd und spähten nach Beute aus.

Eines Tages passierte etwas. Am frühen Morgen verließen die jungen Männer das Lager, um auf die Jagd zu gehen. Die anderen blieben zurück; es waren ziemlich viele. Die Sonne stieg höher. Plötzlich tat sich die Erde auf. Sie verschlang alle Menschen. Sie fielen einfach in die Tiefe.

Die Old Lady hatte als einzige überlebt. Sie wurde nicht von der Erde verschluckt. Bloß ihr Bein hatte sich in der Erde verfangen. Ein Fuß war in dem großen Loch verschwunden, und das Bein war gebrochen. Sie saß in der Falle.

Nach einer Weile kam jemand von der Jagd zurück. Er fand die Old Lady mit dem Bein in der Erde.

»Was ist los, wo sind denn die anderen?« fragte er.

»Alle sind in die Erde gefallen. Sie sind da drin. Ein großer yiirmbal[30] hat sie verschluckt.«

Sie schafften es, die Old Lady aus dem Loch zu befreien, in dem sie festsaß. Dann brachten sie sie nach Norden, nach Barrow Point.

Nach einiger Zeit heilte ihr gebrochenes Bein wieder. Das war, als Tobys Großvater sie heiratete. Und später hatte sie noch eine Menge Enkel. Ich habe die alte Frau gekannt, als ich noch ein kleiner Junge war. Auch ich nannte sie gami (Großmutter). Sie humpelte wegen ihrem gebrochenen Bein. Ach, und sie war eine schreckliche alte Frau. Ich glaube, sie stammte aus dem Stammesgebiet von Wuuri. Da unten in Pinnacle hatten sie Frauen von überall, vom Jeannie River im Westen bis zur Princess Charlotte Bay.

Ich selbst habe dieses Land nie gesehen. Nur den Berg von weitem. Ich glaube, man kommt durch einen Ort namens Cockatoo Yard, und von da geht es nach Westen, bis zum Fuß des Berges, und dann nach Süden. Aber ein paar Leute kennen die Stelle noch, weil Banjo sie ihnen gezeigt hat.[31] Er sagte immer: »Geht bloß nicht dahin, sonst fallt ihr runter!«

Der yiirmbal verschluckte die Menschen, weil sie gesetzlos und ungehorsam waren. Er bestrafte sie, bevor sie noch größeres Unheil anrichten konnten, bevor sie das Volk der Aborigines vernichteten. Der Clan von Pinnacle war nämlich sehr mächtig, und alle Clans entlang der Küste hatten Angst vor ihm: »Laßt euch bloß nicht mit den Yiithuu People[32] ein!« hieß es.

# TEIL ZWEI
## BARROW POINT

# BARROW POINT UM DIE JAHRHUNDERTWENDE

## DIE INVASION DES HINTERLANDES VON COOKTOWN

Um 1900 war das Gold, das die europäischen Eroberer fünfundzwanzig Jahre zuvor in den hohen Norden von Queensland gelockt hatte, weitgehend erschöpft.[1] Farmer hatten den Platz der Minenarbeiter eingenommen und sich auf dem fruchtbarsten Land oder an Süßwasserquellen niedergelassen. Sie begannen (meist illegal), die übriggebliebenen Aborigines, deren Land sie sich zuvor angeeignet hatten, als Arbeitskräfte zu beschäftigen. Fischkutter kreuzten vor der Küste, auf der Suche nach billigen Arbeitskräften und Zerstreuung. Die Zerstörung traditioneller Überlebensmuster, eingeschleppte Krankheiten, systematische Ausrottung, Kontakt mit den Randerscheinungen der europäischen Wirtschaft sowie die wachsende Abhängigkeit von deren Gütern und Vertreibung im großen Stil, die es den Aborigines unmöglich machte, ihre gewohnten Lebensmuster beizubehalten, sorgten dafür, daß ihre Zahl rasch zurückging und sie sich auf neue Art über das ganze Land verstreuten.

Um die Jahrhundertwende scheint es in der Umgebung von Barrow Point und Cape Melville zwei verschiedene Aborigine-Populationen gegeben zu haben. Das Archivmaterial über die Bevölkerung dieser Gegend ist dürftig, aber es gestattet einen flüchtigen Einblick in das Leben der hier ansässigen Menschen nach dem Eindringen der Europäer.[2] Walter Roth, der erste sogenannte Schutzbeauftragte der Aborigines aus dem Norden, stattete Barrow Point Ende des 19. Jahrhunderts mehrere Besuche ab und vermaß die Körper zweier Männer, deren Namen er mit Oonquilba und Onawin[3] angab. Im Dezember 1898 zählte Roth zwanzig Männer und zehn Frauen in Barrow Point, fügte aber hinzu, die normale Einwohnerzahl sei mit Sicherheit größer, da »die Hauptgruppe nach C. Melville abgewandert« sei.[4]

Berichte aus der Umgebung lassen darauf schließen, daß sich die Menschen auf wenige Lager, einschließlich Ninian Bay, konzentrierten. Das war die Folge der »Verteilung« der an der Küste ansässigen Gruppen durch die Behörden im Anschluß an die Lizard Island Affäre

1881. Eine Europäerin namens Mary Watson war auf See ausgesetzt worden und auf einer Koralleninsel umgekommen, nachdem Aborigines – wahrscheinlich Angehörige des Guugu-Yimithirr-Sprachkreises aus der Gegend von Cape Flattery – mit Speeren bewaffnet ihr Haus gestürmt und ihren chinesischen Koch getötet hatten.[5] Dieses Ereignis schockierte die europäische Bevölkerung im Norden und führte zu polizeilichen Strafmaßnahmen gegen die an der Küste südlich von Barrow Point lebenden Aborigines.

In den ersten Jahren der europäischen Invasion ergriff die Regierung Maßnahmen zur »Befriedung« der Ureinwohner im Norden. Mit Hilfe sogenannter Schutzbeauftragter der Aborigines – auf regionaler Ebene für gewöhnlich Polizeibeamte oder Richter – versuchte die Regierung eine Reihe von Gesetzen einzuführen, die die Beschäftigung von Aborigine-Arbeitskräften regeln sollten. Durch die Ernennung bestimmter Aborigine-Ältester zu »Königen« ihrer jeweiligen »Stämme« (auch sie bürokratische Erfindungen) versuchten die Schutzbeauftragten wiederum, ihre Stellvertreter innerhalb des in ihren Augen diffusen gesellschaftspolitischen Gefüges der Einheimischen in angesehenen Positionen unterzubringen. Noch wichtiger war jedoch, daß die Regierung umfassende »indigene Polizeitrupps« aufstellte, Männer, die aus bereits »befriedeten« Aborigine-Gruppen rekrutiert wurden. Diese Aborigine-Polizisten, die formal dem Kommando eines europäischen Offiziers unterstellt waren, wurden mit Uniformen, Waffen und gelegentlich Pferden, aber auch mit weitreichenden Befugnissen ausgestattet, die es ihnen ermöglichten, im Namen der Zivilisation Chaos und Verwüstung unter den heidnischen Bevölkerungsgruppen anzurichten. Anfangs wurden solche aus einheimischen Polizisten bestehende Trupps aus den südlichen Teilen von Queensland nach Norden geschafft. Doch als die Europäer immer größere Gebiete unter ihre Kontrolle brachten, stellte sich heraus, daß die Polizisten, die die Lager der Aborigines durchkämmten und deren Frauen und Kinder verschleppten, Stammesgenossen aus benachbarten Territorien und manchmal sogar noch engere Verwandte aus der eigenen Gruppe waren, die das Lager verlassen hatten, um in den Stationen, wie die großen Farmen und Ländereien genannt wurden, oder in der Stadt Arbeit zu suchen.

Die Ereignisse von Lizard Island spielten sich vermutlich zu weit entfernt ab, um direkte Auswirkungen auf die Aborigines von Barrow Point zu haben. Es gibt jedoch Erzählungen von anderen Massakern. Beispielsweise sollen Polizeitrupps im Clan-Gebiet der Muunhthi-warra[6] am Jack River, südlich von Tanglefoot, regelmäßig Razzien durchgeführt und willkürlich Menschen hingerichtet haben. Einmal soll eine große Gruppe Überlebender nach Cape Melville geflüchtet sein und sich dort in einer Höhle versteckt haben. Einer anderen Erzählung zufolge stießen Überlebende einer Polizeirazzia in einem Salzgewinnungsgebiet unweit der Mündung des Wakooka Creek auf einen Aborigine-Polizisten, der eine Frau aus der Gegend vergewaltigte, und töteten ihn auf der Stelle.

Im Jahr 1902[7] berichtete Roth über die Aktivitäten eines Übeltäters aus Barrow Point, eines gewissen Charlie Bushman, der »zwei oder drei Morde an Angehörigen anderer Gruppierungen begangen und Europäer bedroht« hatte. Roth merkte an, daß seine »Verlegung noch nicht angeordnet« worden sei. »Verlegung« war der gebräuchliche Euphemismus für die gängige gewaltsame Verschleppung von Aborigines in Straflager, die weit von ihrem angestammten Territorium entfernt waren.

Um 1910 hatte sich die anfangs gewaltsame Konfrontation zwischen Schwarz und Weiß in der Region auf feste Beziehungsmuster eingependelt, die jedoch für die Aborigines ebenso verheerend waren. Einzelpersonen konnten sich anscheinend frei im Gebiet bewegen, kamen jedoch gelegentlich mit der Obrigkeit in Konflikt. Sergeant Bodman von der städtischen Polizei in Cooktown berichtete von einer Expedition im Dezember 1910 zu einem Aborigine-Lager an der Küste bei Red Point, etwa »60 Meilen nördlich von Cooktown«, dessen Bewohner eng verwandt waren mit denen von Barrow Point. Bodman hatte einen Haftbefehl für einen Aborigine namens Chucky bei sich, der wegen Pferdediebstahls gesucht wurde.

> Im Lager befanden sich etwa sechzig junge Männer und
> Frauen, und alle Männer waren mit Speeren bewaffnet. Als
> wir dort ankamen, war Chucky nicht anwesend. Drei junge
> Männer kamen mit Speeren auf uns zu und warnten uns
> davor, Jungen aus dem Lager mitzunehmen. Es war ein
> gefährlicher Trupp ... Auf unsere Fragen hin erfuhren wir,
> daß Chucky ein paar Tage zuvor das Lager verlassen und
> nach Barrow Point gegangen war.[8]

Bodman gab die Suche vorerst auf.

Im April 1911 wurde Chucky verhaftet, als er in Cooktown von Bord eines Schiffes ging.[9] Der Schutzbeauftragte Bodman empfahl seine »Verlegung« nach Barambah mit folgender Begründung:

Dieser Aborigine ist ein sehr schlechter Mensch und war bereits mehrfach wegen Diebstahls im Gefängnis ... Die Regierung hat mehrere Haftbefehle gegen ihn erlassen [weil er nach seiner Freilassung aus dem Gefängnis in Townsville ein Pferd gestohlen hatte] ... Ein paar Tage später spürte die Polizei Chucky in Cookstown auf, war jedoch nicht in der Lage, ihm den Diebstahl nachzuweisen, und mußte ihn wieder auf freien Fuß setzen ... Als Schutzbeauftragter der Aborigines halte ich Chucky fest, bis ... [ich Befehl erhalte, ihn abzutransportieren], wozu ich dringend raten würde, da dieser Bursche der Polizei eine Menge Ärger bereitet hat und ich mehrere Anzeigen wegen Diebstahl von ... Minenarbeitern und anderen Personen erhalten habe, deren Lager in diesem Bezirk ausgeraubt wurden. Er ist ein tüchtiger Arbeiter und sollte besser unter Aufsicht außerhalb dieses Bezirks leben.[10]

Schließlich wurde Chucky zusammen mit mehreren anderen Aborigines, die kurz vorher aus Laura hierher verlegt worden waren,[11] nach Brisbane gebracht.

### KONTAKTE VOM MEER HER

Es gab regen Kontakt zwischen Aborigines und Fischern, deren Kutter regelmäßig die Lager an der Küste aufsuchten, aber auch zwischen nomadisierenden Aborigines und Europäern, deren Siedlungen und Minenlager sich bis weit ins Hinterland erstreckten. Wie die Reaktion auf den Polizeibesuch in Red Point vermuten läßt, waren diese Kontakte nicht immer freundschaftlicher Natur. Die Polizei von Cooktown berichtete 1910, mehrere Aborigines hätten einen japanischen Schiffskapitän beschuldigt, ein Mitglied seiner Aborigine-Mannschaft getötet zu haben.[12] Die Korrespondenz über diesen Fall zeigt, daß der Schiffskapitän bei der Polizei entlang der ganzen Küste bereits als »schlechter Mensch« aktenkundig war. Ein Aborigine meldete der Polizei in Cardwell, der Kapitän habe »einen Jungen wie ihn« getötet, »indem er ihn biß und zu Boden schlug«.[13] Zu der Zeit hatte die Polizei in Cooktown elf Aborigines in Gewahrsam, die auf besagtem Schiff angeheuert hatten, dann aber weggelaufen waren. In dem Permit des japanischen Kapitäns war ursprünglich von zwölf »jungen Männern aus der Gegend« zwischen sechzehn und achtundzwanzig die Rede. Sieben der zwölf, darunter der vermißte Junge, waren als Bewohner von »Barrow Point« ausgewiesen.[14] (Vgl. Farbtafel 3)

Roger Hart erinnert sich, als Kind von Seeleuten aus Barrow Point gehört zu haben, deren Kapitän in Wut geraten war, nach dem Gewehr gegriffen und einen von ihnen durch einen Schuß ins Herz getötet hatte. Daraufhin hatte die Mannschaft aufbegehrt und ihn an den Mast gefesselt, bis das Schiff im nächsten Hafen anlegte und sie ihn der Polizei übergeben konnte.

Junge Männer verbrachten Monate oder sogar Jahre auf Fischkuttern und Luggern, die an der Küste von Queensland entlangfuhren. Beim Rekonstruieren der Familiengeschichten von Barrow Point stellte sich heraus, daß in vielen Fällen Männer wie Roger Harts Onkel (mütterlicherseits) oder sein älterer Bruder auf Schiffen anheuerten und dann spurlos verschwanden. Das Büro des Obersten Schutzbeauftragten der Aborigines versuchte, den Fischfang zu reglementieren, indem man die Kapitäne verpflichtete, offizielle Verträge mit den Arbeitskräften abzuschließen und deren Gehälter direkt an den örtlichen Schutzbeauftragten abzuführen, der sie in »sicheren Gewahrsam« nehmen sollte. Die Regierung versuchte auch, die gängige Praxis zu unterbinden, daß Kapitäne Männer irgendwo an der Küste aufnahmen und sie später einfach an Land setzten, wo es ihnen gerade paßte, manchmal in einem völlig anderen Teil Australiens oder sogar in einem anderen Land. Roger Hart behauptet, daß viele Männer aus Barrow Point in Lockhart, Bamaga oder sogar am Carpentaria-Golf geheiratet haben und nie wieder in ihr altes Gebiet zurückgekehrt sind. Andere starben ihm zufolge unverheiratet in Orten wie Cherbourg im Süden, Thursday Island im Norden oder gar in Japan.

Der Missionar Schwarz von Cape Bedford, der seit Anfang der 20er Jahre seine schützende Hand über die Aborigine-Bevölkerung im Norden hielt, war ein besonders sprachgewaltiger Kritiker des gesamten *bêche-de-mer*-Handels und seiner schädlichen Einflüsse auf das Leben der Aborigines. In seinem Jahresbericht an den Obersten Schutzbeauftragten der Aborigines, Bleakley, schrieb er 1926 über die Lager von Cape Melville und Barrow Point:

> Derzeit befinden sich fast alle Männer aus diesen beiden nördlichen Gruppen, die körperlich dazu imstande sind, etwa neun Monate im Jahr auf Fischerbooten. Am Jahresende kommen sie mit einem schwer verdienten, aber höchst mageren Vorrat an Lebensmitteln, neuer Kleidung, ein paar nutzlosen

Luxusartikeln etc. zurück, die entweder gar nicht benutzt werden oder sich in lächerlich kurzer Zeit verbrauchen, so daß man meinen möchte, diese jungen Kerle müßten einsehen, daß es besser wäre, zu Hause zu bleiben und ihren Frauen und Familien beizustehen (letztere sind heutzutage äußerst selten), um sich und ihnen ein besseres Leben zu ermöglichen. Doch dieser Gedanke scheint ihnen nie zu kommen, und wenn die Rekrutierungsboote nach zwei oder drei Monaten zurückkehren, lassen sie sich mit ein paar Drinks, die ihrem bereitwillig entwickelten Geschmack eher entsprechen als *sugar-bags*, rasch dazu bewegen [wieder anzuheuern].[15]

Auf den Einwand, der Einsatz von Aborigines für solch produktive Arbeit könne ihre »Zivilisierung« beschleunigen, entgegnete Schwarz:

Weiter oben an der Küste, wo diese jungen Männer rekrutiert wurden, befindet sich ein »Lager« von Aborigines, ein bedauernswertes Häuflein, kein Vergleich zu ihren Vorfahren, die vor 40 Jahren hier lebten und starke, gesunde Menschen waren. Es gibt ein paar Alte, nicht viele, es gibt eine Menge Frauen, die größtenteils an ekelhaften Krankheiten leiden, einige Kinder – auch nicht viele –, teilweise Mischlinge ... Es wäre wohl angemessener ... das als »Hunger, Elend und Syphilisierung« zu bezeichnen.[16]

Dennoch bedeutete das Anheuern auf einem Schiff für viele junge Männer, den strengen Regeln zu entrinnen, die wachsame ältere ihnen auferlegten, unter anderem äußerst begrenzte Möglichkeiten für eine angemessene Heirat. Immer wieder ankerten japanische Boote vor Cape Melville, und die jungen Männer strömten hin, um Arbeit zu bekommen. Sie verbrachten Monate auf hoher See und kehrten nur hin und wieder mit Nahrungsmitteln aus Cooktown zu ihren Eltern zurück, die im Lager geblieben waren. Bootskapitäne wie Captain Monaghan von der *Spray* legten eine Reihe von Zwischenstops ein und ließen Männer mit Vorräten von Bord gehen, wenn die Weihnachtszeit (und der damit einhergehende Monsun) nahte. Er legte erst in Barrow Point an, dann in Cape Melville und fuhr schließlich nach Richtung Norden, wo er die »Burschen von den Inseln«[17] aus seiner Mannschaft absetzte.

In der Ninian Bay machten Fischkutter nur selten lange Halt, nahmen aber an vielen Orten entlang der Küste Süßwasser auf, vor allem in Cape Melville. Roger erinnert sich, daß die Leute in den Lagern immer Ausschau nach Schiffen hielten und große Signalfeuer anzündeten, wenn sie eines entdeckten. Fremde Crewmitglieder begleiteten die Barrow-Point-Männer nur selten an Land – »Ich glaube, sie hatten Angst vor bama« – es sei denn, es lockte eine Tanzveranstaltung.

Die Arbeit auf dem Schiff war körperlich anstrengend und gefährlich. Aborigines, die nach Kreiselschnecken tauchten oder *bêche-de-mer* (Seegurken) sammelten, arbeiteten – bis auf einfache Taucherbrillen – ohne jede Ausrüstung. Häufig setzten die Fischerboote sie stundenlang an teilweise vom Wasser überspülten Riffen aus. Yagay, Roger Harts Stammesgenosse aus Barrow Point, erzählte, wie einmal ein anderer Taucher von einem Hai erwischt wurde. Seine Kiefer schnappten mit dem typischen »Tack!« zu, und von dem Mann blieb nichts übrig als eine Blutlache, die sich langsam im Wasser ausbreitete.

Die japanischen Schiffskapitäne hinterließen einen nachhaltigen Eindruck bei der Aborigine-Bevölkerung. Viele Leute in Hopevale glauben heute noch, daß ihre Verschleppung in den Süden während des Zweiten Weltkriegs ebensoviel mit ihren traditionellen Verbindungen zu den japanischen Fischkuttern zu tun hatte wie damit, daß der Missionar Schwarz Deutscher war. Männer aus Barrow Point arbeiteten für Black Otto, Kapitän der *Sunshine*, für Moo Kai und Captain Sakata. Barney Warner, ein alter Mann aus Barrow Point, der den größten Teil seines Lebens auf See verbrachte, pflegte Matrosen aus Cape Bedford von seinen Abenteuern mit Sakata zu erzählen, den er für einen »echten Gentleman« hielt. Was Sakata dem Hafenmeister von Cooktown antwortete, der sich das Beiboot des japanischen Kapitäns ausleihen wollte, um einen Tagesausflug zum Leuchtturm gegenüber dem Kai von Cooktown zu machen – »Early morning go!« –, gilt bei den Geschichtenerzählern der Aborigines bis heute als klassisches Beispiel für »Japanee English«.

Einen ganz anderen Eindruck hinterließen die Bootskapitäne bei denen, die sich um das Wohlergehen der Aborigines kümmerten. Captain Monaghan, der häufig in Barrow Point anlegte, bezahlte seinen weißen Crewmitgliedern angeblich 3 Pfund pro Woche. Im Gegensatz dazu berichtete der Missionar Schwarz 1925 in einem Schreiben an den Schutzbeauftragten Bleakley, daß die Aborigine-Matrosen einen wahrhaft kläglichen Lohn erhielten. Und er gibt ein Gespräch wieder, das er offenbar mit Captain Sakata geführt hat.

Wenn diese jungen Männer ohne Einwirkung von Alkohol angeheuert, fair behandelt und halbwegs in Relation zu dem bezahlt würden, was sie ihren Kapitänen einbringen, wäre kaum etwas gegen ihre Beschäftigung auf den Booten einzuwenden. Doch in welchem Verhältnis steht ihr Lohn zu den Gewinnen, die ein solches Boot macht? Der Kapitän eines japanischen Schiffes legte vor etwa einem Monat hier an. Ich kenne diesen Mann schon seit einigen Jahren und halte ihn für einen Menschen, der weit über dem Durchschnitt der japanischen Schiffskapitäne steht, denen man hier sonst begegnet. Im Lauf des Gesprächs erwähnte er, daß er allein in dieser Saison bereits 43 Tonnen Kreiselschnecken eingefahren habe und ohne weiteres noch 10 Tonnen zusammenbekommen würde. Der Preis für Kreiselschnecken liegt ihm zufolge bei 90 Pfund. Man kann sich also leicht ausrechnen, was Eigner und Kapitän am Ende der Saison verdient haben und was die Mannschaft (in diesem Fall übrigens junge Männer aus Barrow Point und Cape Melville) als Anteil am Gewinn erhalten werden, den sie durch ihre Arbeit erwirtschaftet haben. Legt man diese Zahlen zugrunde, belaufen sich die Bruttoeinnahmen aus dem Verkauf von Kreiselschnecken in einer Saison auf fast 5000 Pfund.

Schwarz fährt fort:

Von diesem Kapitän erfuhr ich, daß der Arbeitslohn 1/8 Pfund pro Monat beträgt. Ich weiß nicht, ob das stimmt, es scheint mir so lächerlich wenig, daß ich es nicht glauben kann, denn der Wert der Kreiselschnecken, die sie oftmals an *einem* Tag einholen, übersteigt die Löhne für die Aborigine-Mannschaft in der gesamten Saison. Es kann einfach nicht gerecht sein, daß diese einfachen Aborigines für einen nominellen Lohn auf solchen Fischerbooten angeheuert werden und ein Vermögen für japanische und andere reiche Schiffseigner anhäufen, während ihre eigenen Familien verhungern müssen oder Ihrer Behörde oder den verschiedenen Stationen zur Last zu fallen.[18]

Schwarz schlug 5 Pfund als angemessenen Monatslohn vor, der auch der Industrie zuzumuten sei.[19]

Aborigines aus der Umgebung von Barrow Point und Cape Melville unterhielten zudem regelmäßigen Kontakt mit anderen Schiffen, die an ihre Küste kamen und häufig dort anlegten, um Süßwasser aus den bekannten Quellen in der Gegend aufzunehmen. Versorgungsschiffe auf dem Weg nach Cape York und Neuguinea im Norden passierten die Küste ebenfalls innerhalb des Riffs, oft in Sichtweite der Küstenbewohner. King Harry aus Cape Melville kannte viele Schiffe, die an der Küste auf und ab fuhren. Durch seine vielen Frauen hatte er mehrere Stiefkinder, deren leibliche Väter irgendwelche Matrosen waren, bei denen es sich nicht um Aborigines handelte; einige waren Kinder des dänischen Leuchtturmwächters auf Pipon Island.[20] Doch nicht alle Begegnungen mit vorbeikommenden Schiffen verliefen freundschaftlich, wie die folgende Geschichte von Roger Hart zeigt.

### KING HARRY WIRD INS MEER GEWORFEN

Diese Geschichte hörte ich, als ich noch klein war, aber damals verstand ich sie nicht sehr gut. Dann haben Banjo und Toby sie mir wieder erzählt. Sie handelt von King Harry, dem Vater von Old Bob.[21]

Es war einmal ein großes Dampfschiff mit Namen *Kalatina*. Dieses Dampfschiff habe ich auf seinem Weg nach Thursday Island oft vorbeifahren sehen.

Eines Tages tauchte im Osten ein großes Schiff auf, das um die Spitze von Cape Melville bog. Es war der Dampfer *Kalatina*.

Der alte King Harry lebte damals dort bei einer großen Gruppe von Leuten aus Flinders Island. Als sie den Dampfer vorbeiziehen sahen, sprangen sie in ihre Einbäume und paddelten nach Norden, weil sie versuchen wollten, das Schiff zu erreichen und sich ein bißchen Essen zu erbetteln.

Es gelang ihnen, das Schiff in der Durchfahrt zwischen Stanley Island und Flinders Island einzuholen. King Harry machte das immer so. Er paddelte in seinem Kanu an das Schiff heran und bat die Mannschaft um etwas zu essen.

Wahrscheinlich hatten die Weißen an Bord das allmählich satt. Sie fanden ihn ein bißchen lästig.

Diesmal sahen die Männer auf dem Dampfer die Kanus näher kommen. Sie drosselten die Geschwindigkeit.

»Warten wir auf sie«, sagten sie.

Sie warfen eine Strickleiter aus, und die bama kletterten an Bord. Sogar King Harry kletterte hinauf, mit seinem Schild auf der Brust.[22]

Die Bootsleute sagten: »Na gut, wir geben euch was zu essen.« Doch statt dessen packten sie King Harry und hoben ihn hoch. Sie schüt-

*King Harry wird über Bord geworfen*

telten ihn wie einen Stock und warfen ihn über Bord. Er fiel geradewegs ins Wasser.

Tja, so kletterte der alte King wieder in sein Kanu und paddelte
davon. Danach kam er nie wieder, um etwas zu essen zu erbetteln.

Die Mannschaft an Bord bestand ausschließlich aus Weißen – manche waren während des Krieges schon auf der *Melbidir* [23] gefahren. Ich
glaube, sie hatten die Nase voll von King Harry, und eines Tages wurden sie böse und warfen ihn ins Wasser, den armen Kerl.

## EUROPÄISCHE SIEDLUNGEN IN DER NÄHE VON BARROW POINT

Die Leute in den Lagern von Barrow Point führten je nach Jahreszeit
ein Nomadenleben. Sie zogen von einem Ort zum anderen, um die
traditionellen Nahrungsquellen aufzusuchen, soziale Beziehungen
innerhalb der drastisch reduzierten Bevölkerung zu pflegen und nicht
zuletzt als Reaktion auf die europäische Besiedelung. Während der
Regenzeit suchten sie Stammesgebiete bei Wakooka im Landesinneren auf. In der Trockenzeit wanderten sie zwischen Barrow Point
und Cape Melville und weiter an der Küste entlang oder zu den vorge-
lagerten Inseln. Zwar befanden sich alle Gebiete auf diesen Wander-

routen im Besitz der Aborigines, doch waren viele Orte in den ersten Jahrzehnten dieses Jahrhunderts bereits weitgehend entvölkert.

Der europäische Vorstoß ins Hinterland hatte verheerende Folgen für die restlichen Aborigines, denen es gelungen war, die gewaltsamen Übergriffe der Goldsucher gegen Ende des Jahrhunderts zu überleben. Als der Goldrausch verebbte, verlegten sich die Behörden auf eine geordnetere und dauerhaftere Ausbeutung »unbesiedelter Gebiete im Besitz der Krone«, die offiziell als »echtes Niemandsland« galten. Nach und nach besiedelten Europäer die Gegend nördlich von Cooktown und drängten die Aborigines, die noch im Busch lebten, in immer kleinere Gebiete und schließlich sogar in die Randgebiete europäischer Siedlungen ab.

Zwar war Ende der 80er Jahre des letzten Jahrhunderts ein Großteil des Gebiets nördlich von Cooktown zur Landnahme zugelassen worden, doch erst nach dem Ersten Weltkrieg, als heimkehrenden Soldaten besondere Vergünstigungen angeboten wurden, beantragten die ersten Siedler Landnahmegenehmigungen. Zwei besonders umfassende Landnahmegenehmigungen betrafen Gebiete mitten in dem Territorium, das Roger Hart als sein Stammesgebiet bezeichnet.

## ABBEY PEAK

Abbey Peak an der Küste der Ninian Bay umfaßte das als *lipwulin* bezeichnete Gebiet, Rogers Geburtsort.[24] Die Gegend um Barrow Point wurde inoffiziell bereits vor dem Ersten Weltkrieg von Farmern genutzt.[25] 1916 hatte sich ein gewisser Mr. James Bennett, ehemaliger Pionier der australischen Armee, für ein Gebiet von 50 Quadratmeilen beworben, das scheinbar »brachlag«, obwohl angrenzende Grundstücke für dreißig Jahre an einen Maurice Hart und zwei Brüder namens O'Beirne verpachtet waren.[26] Bennetts Wünschen sollte soweit wie möglich entsprochen werden, da er als Soldat gedient hatte. Im August 1916 wurde ihm ein 55 Quadratkilometer großes Areal, »das Parrow [sic] Point Creek« umfaßte, zur Besiedlung verpachtet. Es grenze an ein ähnlich großes Gebiet an, das sein Partner, Thomas Edmund Thomas, aus Cooktown bekam.[27]

Der Pionier Bennett scheint nicht viel Zeit auf seinem neuerworbenen Grundbesitz verbracht zu haben, da er noch im selben Jahr zur Armee zurückkehrte und sein Land an einen der Brüder O'Beirne weiterverpachtete.[28] Über Bennetts weiteres Schicksal gibt das Grundstücksregister keinerlei Aufschluß.

Um 1918 stritten sich mehrere Gutsbesitzer um das Barrow-Point-Gebiet.[29] Schließlich beschloß die Regierung, mehrere Landnahmegenehmigungen zu einem vorrangig zur landwirtschaftlichen Nutzung bestimmten Gebiet zusammenzufassen, das Abbey Peak heißen sollte.[30]

Am 18. Juni 1920 schließlich wurde der Grund für eine Summe von 227 Pfund an Allan Critchley Instone aus Cooktown überschrieben.[31] In Roger Harts Kindheit war Instones Gelände an der Küste der Ninian Bay ein bedeutender Anziehungspunkt für Siedlungen der Aborigines aus Barrow Point. Instone blieb in Barrow Point, bis er 1926 seinen Pachtvertrag an die benachbarte größere Starcke-Station verkaufte.

Offensichtlich hatte Instone keine Familie, solange er in Barrow Point lebte, obgleich mehrere Aborigine-Mädchen ihm den Haushalt führten. Außerdem »heuerte« er offiziell Leute an oder beschäftigte aufgrund einer Vereinbarung mit dem dortigen Schutzbeauftragten der Aborigines ein paar Männer aus Barrow Point legal als Viehhüter, Gärtner und Schiffsjungen. Reverend Schwarz aus Cape Bedford erwähnte zwei solche Fälle in einem Brief an den Obersten Schutzbeauftragten der Aborigines, in dem er ihm Pläne unterbreitet, die gesamte Bevölkerung von Barrow Point nach Süden ins Missionsschutzgebiet zu verlegen.

Jackie Red Point lebte beträchtliche Zeit hier, bis er mit Ihrer besonderen Erlaubnis des [Police Constable und] Schutzbeauftragten [der Aborigines] Kenny [aus Cooktown] an Mr. Instone vermittelt wurde. Zusammen mit King Nicholas (auch einer von Mr. Instones Schiffsjungen) scheinen all unsere jungen Männer gut bekannt zu sein, obgleich ich persönlich mich nicht daran erinnern kann, ihn hier [in Cape Bedford] gesehen zu haben, es sei denn, unter anderem Namen.[32]

Jackie Red Point kehrte später nach Cape Bedford zurück und arbeitete auf Schiffen der Mission. King Nicholas, der selbsternannte »König« des Barrow-Point-Lagers, erhob Einspruch gegen die Pläne des Missionars, die Leute aus Barrow Point von ihrem eigenen Land nach Cape Bedford zu verlegen, und wurde schließlich in die Strafkolonie auf Palm Island deportiert.

King Nicholas, Nelson, Billy Salt und Toby Flinders – alles Männer, an die Roger Hart sich aus seiner Kindheit erinnert – arbeiteten auf Mr. Instones Boot oder halfen ihm, das Gelände zu roden, Melonen

*Instones Haus*

zu pflanzen und die Farm in Schuß zu halten. Jackie Red Point kümmerte sich um den Garten oder warf sein Fischernetz in der Bucht aus.
Die Kinder folgten ihm und schlugen mit Stöcken auf die Wasser-
oberfläche, um die Fische ins Netz zu treiben und alles herauszuholen,
was sie erwischen konnten. Manchmal erbettelten sie ein paar
Kartoffeln von Jackie oder seiner Frau Sara. Andere Männer hielten
Instones Anwesen instand – flickten Zäune, bestellten die Felder und
arbeiteten als Viehtreiber. Instone hatte auch einen großen Gemüse-
garten, den ein malaischer Gärtner pflegte. Aborigines nannten ihn
Sam Malaya.[33]

Instone war im allgemeinen sehr streng mit den Aborigine-
Kindern und ließ sie nicht auf seinen Feldern oder in den Gärten
spielen, geschweige denn in der Nähe seines Pfahlhauses. Rogers
Erinnerung zufolge besaß er einen scharfen Hund, der die Kinder ver-
jagte. Trotzdem klauten sie hin und wieder Obst und Gemüse aus dem
Garten, wenn sie sich unbemerkt hineinschleichen konnten.

Das Haus, die Gärten und die Viehhöfe des Siedlers verteilten sich
auf mehrere kleine Hügel im Westen eines großen Felsgebiets an der
Südküste der Ninian Bay. In den Mangroven, die den Strand säumten,
hatten Instones Leute einen Platz zum Anlegen für sein Boot gerodet,
die *Iona*, mit der eine Aborigine-Crew bei gutem Wetter nach Cooktown segelte, um Vorräte einzukaufen. Den großen Fischkuttern, die

an der Küste entlangfuhren und häufig junge Aborigines als Matrosen an Bord nahmen, verweigerte Instone den Zugang zu seinem Hafen in der Ninian Bay, möglicherweise um sein Monopol als Vermittler einheimischer Arbeitskräfte zu sichern.

Inwieweit Instone offiziell für die Aborigines verantwortlich war, die unter den Schutzgesetzen auf seiner Station lebten, blieb unklar. Roger Hart glaubt, daß er »so etwas wie ein Oberaufseher« war, der die für die Aborigines bestimmten Regierungsgüter – Decken, Stahlwerkzeuge, Angelhaken und -schnüre, Mehl, Tabak und dergleichen – an die Lager in der Umgebung verteilte. Leute aus Barrow Point, die später ins Schutzgebiet von Cape Bedford kamen, berichteten, Instone habe Löhne unterschlagen, die er den Männern hätte ausbezahlen sollen, die von Fischkuttern entlassen worden waren. Statt ihnen das Geld einfach auszuhändigen, habe er Arbeitsleistung verlangt, oder, wie Roger Hart es ausdrückt, »Überstunden ... sie mußten zuerst für ihn arbeiten.« Angeblich segelten zwei Männer aus Barrow Point, Tracker Billy McGreen sen. und Jackie Red Point mit der Ketsch *Soapbox* nach Cooktown, um Instone anzuzeigen – »Er hat bama gezwungen, für ihr eigenes Geld zu arbeiten.«

## WAKOOKA

Die Wakooka-Station im Süden war der zweite Großgrundbesitz auf dem traditionellen Territorium der Barrow Point People. Maurice Hart, den Roger Hart üblicherweise als seinen Nicht-Aborigine-Vater bezeichnet, fing irgendwann vor 1916 an, in der Gegend nördlich von Starcke Vieh zu züchten. Nachdem er ein Feuer auf seinem früheren Besitz überlebt hatte, startete er eine Kampagne, um Land im Gebiet von Wakooka zu erwerben.[34] Er stritt sich mit seinen Nachbarn von Mt. Hope um Weide- und Wegerechte für sein Vieh.[35]

Im November 1916 beantragte Hart, der als Wohnsitz Ninian Bay angab, einen Pachtvertrag für die Landnahmegenehmigung 397, das Stück Land, das Wakooka hieß.[36] Wenig später begann er auf seinem Grund und Boden zu bauen, züchtete Vieh und gründete eine Familie. Er blieb bis 1932 in Wakooka, als sein Land wie zuvor bereits Abbey Peak in den riesigen Starcke-Besitz überging.[37]

Mitte der 20er Jahre versuchte der Missionar Schwarz die Regierung zu überreden, die Reste der Gemeinschaften im Norden, einschließlich der Leute von Barrow Point, in das Schutzgebiet von Cape Bedford umzusiedeln, über das er die Oberaufsicht führte. In einem Brief an den Obersten Schutzbeauftragten der Aborigines zählte er mögliche Hindernisse für dieses Vorhaben auf.[38] Dazu gehörten die bestehenden Viehzucht-Stationen. Schwarz erwähnte zwei Gutsbesitzer, die sich ungehindert und ohne Rechtsgrundlage die Arbeitskraft von Aborigines aus der Region zunutze machten.

> Zwar gelten Aborigines in der Nähe einer Viehzucht-Station im allgemeinen als Plage, dennoch glaube ich nicht, daß einer dieser Viehzüchter es gerne sähe, wenn die Aborigines von hier oben umgesiedelt würden, daher kann man kaum mit ihrer Unterstützung rechnen.[39]

Maurice Hart könnte durchaus zu jenen Cape-York-Viehzüchtern gehört haben, die Schwarz im Sinn hatte. Obwohl er Aborigines beschäftigte, die seine Stallungen ausmisteten und sich um das Vieh kümmerten, schränkte er ihre Bewegungsfreiheit auf seinem Grund und Boden ein. Er war bekannt dafür, daß er sie auspeitschte, wenn er sie auf seinem Gebiet etwa beim Honigsammeln erwischte, und sie dann fortjagte.[40]

Andere Europäer kamen als Viehhüter, Viehhofbauer oder Sandelholzsammler in die Gegend von Barrow Point.[41] Die Viehhüter sammelten sich in Lagern in der Umgebung, bevor sie das Vieh auf die Weide trieben. Roger und die anderen Kinder wußten, daß sie dort möglicherweise Brot, *damper* oder Tee bekamen. Besonders lebhaft erinnert sich Roger an den alten Billy Burns, einen in der ganzen Region berühmten Viehhofbauer, der einen gewaltigen Buckel hatte. Wenn er sein Nachtlager aufschlug, mußte er zuerst eine Grube im Sand ausheben, um Platz für den Buckel zu schaffen.

Um 1915, als Roger Hart zur Welt kam, hatten sich um die Ländereien von europäischen Siedlern wie Instone und Hart bereits halbwegs feste Aborigine-Lager etabliert. Ihre Bewohner stellten sich sowohl auf die Siedler im Landesinneren ein, die ihnen kärglich bezahlte Dienstboten- oder Viehhüterjobs anboten, als auch auf die Küste, wo die meisten jungen Männer ihren Lebensunterhalt damit verdienten, daß sie harte körperliche Arbeit auf japanischen Fischereifahrzeugen gegen Mehl, Tabak und einen Mindestlohn eintauschten. Sowohl die Siedler als auch die Fischer waren ganz entscheidend von der Arbeitskraft der Aborigines abhängig, ignorierten jedoch sämtliche Ansprüche der Aborigine-Lager auf ihren Grund und Boden oder kämpften sogar dagegen an.

Allein aus heutigen Erinnerungen läßt sich nur schwer rekonstruieren, was genau die Barrow Point People meinten, wenn sie behaup-
teten, das Gebiet, in dem sie lebten, »gehöre« ihnen. Vor der Invasion
der Europäer waren die Aborigines in dieser Gegend in kleinen
Gruppen organisiert, die heutzutage häufig als Clans bezeichnet werden. Ihr Territorium war mit genau benannten Orten übersät, die zum
Teil große rituelle oder ökonomische Bedeutung besaßen, und jeder
wußte, welche Gruppen welche Orte »besaßen«. Ähnlich wurden einzelne Aborigines mit genau festgelegten *runs* oder Gebieten in Verbindung gebracht, in denen sich bestimmte Orte befanden. Normalerweise übernahm man Sprache und territoriale Zugehörigkeit vom
Vater, doch die Bindung an Land und Sprache der Mütter und Groß-
mütter spielte ebenfalls eine Rolle. Außerdem erbte man von seinem
Clan ein häufig unzusammenhängendes Mosaik sogenannter *home
sites*, die überall verstreut sein konnten, sowie eine Reihe von Geschichten, Totems und Verwandten. Unterschiedliche Clans konnten
durch gemeinsame Ansprüche an Orte und Geschichten miteinander
verbunden sein, aber auch durch eheliche Bande, die häufig über mehrere Generationen anhielten. So »gehörte« jeder einzelne zu bestimmten Orten, Sprachen, Geschichten und anderen Menschen. Wörter
und Geschichten bildeten ein Idiom, in dem sich sowohl soziale
Unterschiede (»das ist mein Wort, das ist seines«) als auch soziale
Zusammengehörigkeit (»wegen dieser Geschichte sind wir beide
eins«) niederschlugen.

Als Roger ein Kind war, galt es als höflicher, andere mit ihrer Clan-
Zugehörigkeit zu bezeichnen als mit ihrem Personennamen. Um eine
Person zu identifizieren, die man von weitem gesehen hatte, sagte
man beispielsweise, »Ah, bama yalngaa-ngu – das ist einer aus [der
Clangegend] yalnga«, statt nur den Namen der Person zu nennen.

Die Aborigine-Siedlungen bei Barrow Point befanden sich zu beiden Seiten von Instones Station und erstreckten sich entlang der
Ninian Bay. Das größte Lager hieß *lipwulin*[42] und befand sich an
der Küste unmittelbar nördlich des Felsgebiets, das es von Instones
Station trennte. Das Lager zog sich mehrere Kilometer weit nach
Osten bis zu den Mangroven hin, die am Nordrand von Barrow Point
wuchsen. Sein Wasser erhielt es aus jahreszeitlich auftretenden
Bächen und einer großen Lagune weiter südlich im Landesinneren,
wo man auch gut fischen und jagen konnte. *lipwulin* war Roger Harts

Geburtsort und diente als Hauptlager des gesamten Barrow-Point-Gebiets; es war die eigentliche Heimat der »älteren Brüder«-Hälfte der Gambiilmugu People. Von diesem Lager aus zogen die Menschen an der Küste entlang oder nach Süden und Osten zu anderen Lagern und Stammesgebieten.[43]

Instones Station war für die Aborigines von Barrow Point die Quelle, die sie mit Arbeit und dem täglichen Bedarf versorgte. Roger Hart erinnert sich, daß die Männer »[von *lipwulin* aus] nach Westen gingen, um Tabak zu bekommen. Ein paar bama arbeiteten als Viehhüter. Diejenigen, die für Instone arbeiteten, brachten Tabak für die anderen mit. Aber nicht viel, nur ein bißchen.«

Ein zweites großes Aborigine-Lager befand sich südlich von Instones Gelände, auf einer Hochebene, in der ebenfalls eine Süßwasserquelle entsprang. Dieses Lager hieß *liwalin*. Außerdem gab es noch ein kleineres Lager am Westrand der Mangroven, die Instones kleinen Hafen umgaben. Hier wohnten die Aborigine-Familien, die für Instone arbeiteten.

Weiter westlich, in der südwestlichen Ecke der Ninian Bay, gab es ein weiteres, ziemlich großes Lager, das um den Bach *Uwuru*[44] entstanden war. Im Sommer zogen die Menschen in Richtung Küste, wo der *Uwuru* in die Ninian Bay mündete. Dort hatte man leichten Zugang zu einer Reihe von Riffs und weiter oben am Bach gelegenen Lagern und konnte aus dem Busch andere als die gewohnten Nahrungsmittel gewinnen. Roger erinnert sich, daß Leute aus Cape Melville, Bathhurst Head und andere, die er mit der Walmbaarrga genannten Gegend an der Princess Charlotte Bay assoziiert, hier häufig ihr Lager aufschlugen, wenn sie nach Barrow Point kamen. In der Trockenzeit konnte man in diesem Winkel der Bucht gut Dugongs (Seekühe) jagen. Roger erinnert sich, daß die Menschen in *Uwuru* immer reichlich zu essen hatten. »Bama jagten [dort] Schildkröten. Bei Ebbe konnte man das Riff sehen, das vom Ende der Bucht bis *Imeenhthin*[45] reichte.«

Ein häufig genutzter Lagerplatz befand sich etwas weiter oben an der Küste, auf halber Strecke zum Eumangin Creek, wo es direkt am Strand eine Süßwasserquelle gab. Während der Viehtreibersaison zogen viele Männer mit ihren Familien an den *Uwuru*, um dort Arbeit zu finden, die Instone offenbar gelegentlich zusammen mit seinem Nachbarn Maurice Hart aus Wakooka vergab. Die Viehhüter wurden mit Tabak, Mehl und Teeblättern bezahlt, die sie mit den anderen teilten.

Der Bach bei Eumangin markierte die nördliche Grenze des Territoriums von Roger Harts Clan, den Gambiilmugu People. Es gab kleine Gruppen von Aborigines, die unmittelbar an der Küste lebten. Das Territorium der Thagaalmugu-warra genannten Gruppe begann laut Roger in Eumangin und erstreckte sich nach Norden bis North Bay Point, dann in westlicher Richtung bis nach Cape Melville und über Flinders Island hinaus.[46] Zwar betrachtet Roger Hart das Lager von *lipwulin* als seine Heimat, doch besuchte er als kleiner Junge – noch bevor er sechs Jahre alt war – weit entfernte Gegenden wie Cape Melville und Bathhurst Head in der einen oder Cape Bowen in der anderen Richtung.

Im Territorium der »jüngeren Brüder«, der anderen Hälfte der Barrow Point People, gab es ebenfalls mehrere Lager. Um 1915 unterhielten die meisten Aborigines keine unabhängigen Lager mehr, sondern lebten ständig in der Nähe europäischer Siedler. In der Wakooka-Station lebten und arbeiteten außer der Gambiilmugu-Gruppe Angehörige vieler unterschiedlicher Gruppierungen. Das Hauptlager in dieser Region lag an der Küste unweit der Mündung des Wakooka Creek, einem Stützpunkt zwischen Barrow Point und Cape Bowen weiter im Süden.[47]

## BUSH TUCKER

Da die Barrow Point People an der Küste der Ninian Bay lebten, waren sie vom Meer abhängig. Sie fischten und sammelten Schalentiere in den Riffen, die bei Ebbe aus dem Wasser lugten. In den flachen Mangrovensümpfen suchten sie nach Schlammkrebsen, Gründelfischen und Muscheln. Von ihren Einbäumen aus erlegten sie mit Speeren größere Meerestiere wie Schildkröten und Dugongs.

Je nach Jahreszeit wuchsen am Ufer zahlreiche Früchte. Dort gab es importierte Pflanzen wie die Kokospalme und einheimische, etwa die ngundarr oder Jujube, eine dattelähnliche Beere, die an der Küste zwischen Cape Bowen und Cape Melville in Unmengen gedeiht. Ihr ungenießbarer roter Same reift am Ende der Regenzeit, wenn Frühling und Sommer nahen, zu einer süßen, tintenschwarzen Frucht heran.

Dennoch erinnert sich Roger Hart, daß die Leute im Lager von Barrow Point Hunger litten, zumindest die Kinder. Das lag zum einen daran, daß viele Nahrungsmittel für Kinder verboten waren, da die älteren sie für tabu oder thabul (*awiyi*) erklärten.

1  *Fog und der Kopf des riesengroßen Dingo*

2  Wie die Leute von Pinnacle von der Erde verschlungen wurden

7  *King Nicholas wird von einer Schlange gebissen*

8  *Das Stachelschwein*

»Wir durften keinen Honig trinken, der noch Wachs enthielt. Wir bekamen nur welchen, der völlig rein war. Eier von Laubenwallnistern bekamen wir auch nie. Die waren tabu.

›Eßt ja keine Eier von Laubenwallnistern‹, hieß es, ›sonst trifft euch der Donner.‹

Auch Emufleisch war verboten. Wenn die Erwachsenen ein Krokodil getötet und gekocht hatten, bekam kein Kind etwas davon ab, aus Angst, daß sich später ein Krokodil umdrehen und ein Kind fressen könnte.

»Es gab noch vieles andere, was wir nicht essen durften, aber daran kann ich mich nicht mehr erinnern. Damals habe ich sowieso nicht soviel gegessen. Mein Magen war noch klein.«

Wenn sie durch den Busch wanderten, mischte Rogers Mutter etwas Eßbares mit Asche und gab es ihm zu trinken, um seinen Hunger zu dämpfen. Ähnlich erging es Kindern, die allzu laut nach Essen schrien.

Honig bildete den wichtigsten Teil der Nahrung. Er spielt noch heute eine wichtige Rolle, auch wenn nur noch wenige Leute die Geduld oder die Fähigkeit besitzen, einheimische Bienen bis zu ihren Nestern zu verfolgen. »Man muß ein sehr gutes Auge haben, um sie zu sehen«, erklärte Roger. »Die meisten von uns laufen herum, ohne etwas zu bemerken.« In den Lagern tauchten die Menschen einen aus trockenen Gräsern gemachten Schwamm in den flüssigen Honig, um ihn aus der Wabe zu lösen. Die bevorzugte Art, Honig zu konsumieren, bestand darin, ihn mit Wasser zu mischen. Eine Blechdose voll mula, am Morgen getrunken, lieferte Energie für einen ganzen Tagesmarsch.

Auf unseren Wanderungen durch den Busch zeigten mir Tulo und Roger wiederholt alte Narben an Bäumen – Stellen, an denen Bienennester abgeschlagen worden waren – und neue Nester, die darauf warteten, daß jemand sich die Mühe machte, sie zu holen. Als auf einer Fahrt nach Cape Melville ein Leck im Benzinkanister den größten Teil unseres im Laden gekauften Zuckers verdorben hatte, verzichteten mehrere alte Männer auf das Fischen und Krebsesuchen und verbrachten statt dessen den Tag damit, einen Eimer voll mula zu sammeln, um ihren Tee zu süßen.

In Barrow Point ging der Honig an der Küste rasch zur Neige, vor allem in den Frühlingsmonaten mit schönem Wetter, wenn sich die Menschen aufs Fischen und das Jagen von Schildkröten und Dugongs konzentrierten. Ähnlich sammelten die Bienen in der winterlichen

Trockenzeit keinen Nektar und lagerten keinen Honig ein. Manchmal wurde es Februar, bis der Regen die Menschen ins Landesinnere trieb, nach Wakooka und noch weiter. Von Februar bis Juni gab es Honig in Hülle und Fülle. Diejenigen, die zu dieser Jahreszeit ins Landesinnere gezogen waren, jagten Schnabeligel und anderes Kleinwild.

Wie auch anderswo auf der Halbinsel von Cape York wurden die einzelnen Menschen mit bestimmten Bienenarten in Verbindung gebracht – eine Zuordnung, die man ebenfalls vom Vater erbte. Daher bevorzugten bestimmte Menschen auch bestimmte Honigsorten. Die beiden einheimischen Bienenarten, anhand derer man die beiden grundlegenden »Arten von Menschen« oder Moieties[48] im gesamten Guugu-Yimithirr-Gebiet unterscheidet, walarr und thuuru, waren auch in Barrow Point zu finden. Die erste Art, *Ulmuru* in der Barrow-Point-Sprache, baut einen langen, tunnelähnlichen Eingang zu ihrem Nest. Die zweite, die mit dem übergeordneten Begriff *uulgaal* bezeichnet wird, ist die kleine schwarze *bally bee*.

Grüne Ameisen wurden für medizinische Zwecke verwendet, als Heilmittel für alle Beschwerden von Grippe bis Durchfall. Außerdem konnte man sie auf den langen Märschen von einer Süßwasserquelle zur nächsten kauen, da ihr erfrischend säuerlicher Geschmack den Mund befeuchtete und die Speichelbildung anregte.

Frischfleisch wurde ohne Salz gebraten oder gekocht, Meeresschildkröten und Schalentiere kochte man für gewöhnlich wie Krebse oder Hummer in Meerwasser. Mit Speeren erlegten die Männer Kängeruhs, graue Wallaruhs und kleinere Wallabys. Außerdem jagten sie Eidechsen und *goannas*.

»Sie aßen all das, und sie litten keinen Hunger.«

Heutzutage wimmelt es in Roger Harts Heimat von Wildschweinen, aber er weiß noch, daß man damals, bevor das Gebiet diesen Tieren überlassen wurde, äußerst selten Gelegenheit hatte, ein Schwein zu erlegen.

Die Suche nach Früchten der Saison führte die Barrow Point People bis zur Princess Charlotte Bay, nach Süden bis Cape Bowen und ins Landesinnere bis Wakooka und darüber hinaus. Sie gruben nach gelben Yamswurzeln und buken aus weißen Yamswurzeln stärkehaltiges Brot. Außerdem sammelten sie in den Sümpfen und Lagunen im Landesinneren die Knollen wilder Lilien, *unhthiin*.[49] Die alten Frauen legten auf der Suche nach diesen Pflanzen weite Strecken zurück. Roger erinnert sich an eine beliebte Stelle an einer Lagune eine Stück oberhalb der Mündung des Mack River, südlich von Cape Melville.

»Heute fressen nur noch Schweine diese Dinger. Aber damals gab es keine Schweine. Die alten Frauen holten sich die Wurzeln der Lilien und auch die Samenkapseln, wenn die Blüten abgefallen waren. Die kochten sie dann in großen Mengen in ihren Erdöfen. Wenn die Kapseln weich waren, kratzten sie alle Samen und das Fruchtfleisch heraus und machten eine Art Bot daraus. Das war gutes mayi.« Auch das Innere der Wurzeln wurde zu Brot oder *damper* verarbeitet, nachdem diese aus dem Erdofen kamen. Roger erinnert sich, daß *ayi unhthiin* »gut war, wenn auch das Innere ein bißchen wäßrig schmeckte. Aber sonst war es trocken, ungefähr wie gekochte Kartoffeln.«

Außer den verschiedenen Yams-Arten aßen die Leute in Barrow Point auch die Früchte weißer Mangroven, die sie *udan* nannten.[50]

Andere Nahrungsmittel, die es im Busch gab, erforderten eine aufwendigere Zubereitung. Überall in diesem Teil von Queensland sammelten die Aborigines die Nüsse der Zamiapalme, die man erst zerstampfen und von Giftstoffen befreien mußte, bevor man sie essen konnte. Die gleiche Art der Zubereitung war bei den yulnga oder *barra-barra*-Nüssen erforderlich.[51]

Einer von Rogers Spielkameraden war zu ungeduldig, um diese Prozedur abzuwarten.

## NICHOLAS UND DIE ZAMIANÜSSE

Wir lagerten unweit des Baches bei *Uwuru*. Die alten Frauen saßen im Kreis und bereiteten die Nüsse der Zamiapalme zu, *uthiwi*. Sie hatten sie zum Rösten in die Asche gelegt und holten sie gerade aus dem Feuer. Später schlugen sie die Nußschale ab, nahmen den eßbaren Kern heraus und warfen ihn auf einen Haufen. Das mayi war bereits weich.

Nicholas[52] beobachtete sie. Wahrscheinlich dachte er: »Ha, es guckt gerade keiner«, schnappte sich eine Handvoll Nußkerne und rannte davon. Dann setzte er sich hin und aß sie. Wenig später wurde im furchtbar übel, denn die Nüsse waren in der Asche zwar weich geworden, aber sie waren immer noch roh.

Nachdem die Frauen die Nüsse geschält haben, schlagen sie sie auf einem Felsen flach. Sie stecken sie in *dilly bags*, die sie an einem Fluß oder unter einem Wasserfall befestigen, wo das Wasser rasch fließt. Dort lassen sie sie wochen-, manchmal monatelang hängen. Wenn man die Nüsse herausnimmt, sind sie weich und schmecken nach nichts. So ist dieses mayi. Man muß es mit Honig bestreichen.

Dugong und Schildkröte waren die beliebtesten Beutetiere. Beide waren an der Küste, wo Rogers Leute ihr Hauptlager hatten, nur selten zu finden. Deshalb unternahmen die Männer mit ihren Speeren lange Jagdzüge: nach Norden bis Cape Melville, nach Osten über die Spitze von Point Barrow hinaus, oder südwärts bis nach Cape Bowen.

»Früher war das eine phantastische Gegend, um Dugongs zu jagen. Wahrscheinlich würden wir auch heute noch eine Menge davon finden, wenn wir mit einem Dingi rausfahren würden.«

Früher jagten die Leute von *Iipwulin* aus, manchmal mit dem Boot, manchmal zu Fuß. Die alten Männer, die nicht mehr gut laufen konnten, fuhren auch in den Booten mit. Erst ging es ganz um die Spitze herum und dann dicht am Ufer entlang nach Süden. Der andere Teil ging zu Fuß quer über Land, bis er an der Küste im Osten herauskam. Vorher war eine bestimmte Stelle ausgemacht worden, wo man sich treffen würde.

Wenn sie einen Dugong fingen, schlugen sie ein Lager auf und zerlegten das Tier. Sie zogen erst weiter, wenn alles aufgegessen war.

»Ich weiß noch, wie Long Billy mal mit dem alten Ngamu Wuthurru[53] auf die Jagd ging. Ngamu Wuthurru war ein Einzelgänger; er jagte nicht gern mit den anderen zusammen. Aber dieses eine Mal machte er sich mit dem alten Billy auf die Suche nach Schildkröten. Es war früh am Morgen, und wir hatten unser Lager in Cape Melville. Eigentlich wollten wir schon weiterziehen. Ich erinnere mich noch genau an die Stelle.

Tja, an diesem Morgen fingen sie keine Schildkröten, dafür erwischten sie einen ganz jungen Dugong mit ihren Harpunen. Sie schleppten ihn an Land und zerlegten ihn. Und so mußten wir dableiben, um den Dugong in einem Erdofen zu kochen. Es war ein gutes Essen.«

Trotz der Vielfalt an eßbaren Pflanzen und Tieren wirkte sich die Nähe von Instones Besitz nachhaltig auf die Ernährungsweise der Barrow Point People aus. Die Männer besorgten sich in der Station Tabak. Die Frauen wurden für ihre Arbeit im Haus oftmals mit Weizenmehl bezahlt.

Wenn Old Man Jackie Red Point sein Fischernetz auswarf, das wahrscheinlich der Schutzbeauftragte der Aborigines den in den Lagern lebenden Ureinwohnern zur Verfügung gestellt hatte, folgten ihm die Kinder bis ins Wasser, weil sie hofften, ein paar Fische geschenkt zu bekommen. Außerdem statteten Roger und seine Spielkameraden Instones Gärten heimliche Besuche ab. Sam Malaya kümmerte sich um die Tomaten, die Roger und die anderen gelegentlich zu stibitzen versuchten. In seinem Garten gediehen außerdem Salat, Kohl und Süßkartoffeln. »Wir mußten ihn die ganze Zeit im Auge behalten«, entsinnt sich Roger. »Wir wollten ihm nicht zu nahe kommen. Er wußte, daß wir die Tomaten klauten, denn er sah die abgebrochenen Stengel, aber er sagte Instone nichts davon. Er mochte es nicht, wenn wir seinem Garten zu nahe kamen, deshalb hatten wir Angst vor ihm, aber davon abgesehen war er kein schlechter Kerl. Er wurde nie böse.«

Die Kinder liefen Sam Malaya auch hinterher, wenn er auf die Jagd ging. Er kaute Tabak, und sie versuchten, ihm welchen abzubetteln. Roger kann sich erinnern, daß er ein Gewehr besaß und häufig Vögel oder eine bestimmte Pfeifentenart schoß, die digalaba hieß.

Er war außerdem eine gute Quelle für Angelhaken und andere Gerätschaften, die die Leute im Lager brauchen konnten. Roger erinnert sich, daß sich seine Mutter aus diversen Teilen, die sie von Sam Malaya bekommen hatte, eine Angel bastelte, mit der sie Judenfische fing.

Die Barrow Point People zogen in die Gegend westlich von Bathhurst Head, um dort *ambaarr* zu sammeln, Bambus für ihre Fischspeere. Sie verwendeten das Kernholz der schwarzen Palme, *thuguy*, und des Grasbaums, *abulthabul*, außerdem ein Hartholz, das als wurrbuy bezeichnet wurde, für Wurfspeere, das Holz des Eisenrindenbaums für die Harpunen, die sie für die Dugongjagd brauchten, spitze Widerhaken für ihre Kampfspeere und von den Siedlern gestohlenen Zaundraht für die Zacken ihrer Fischspeere.

## YIITHUU-WARRA

In den ersten Jahrzehnten dieses Jahrhunderts vollzog sich im Leben der Aborigines von North Queensland eine massive Umstrukturierung. Buchstäblich alle Bereiche des sozialen Gefüges von Rogers Volksgruppe waren von den Veränderungen betroffen. Auswüchse wie Entführung, Adoption, mehrere Ehen und Vergewaltigung, aber auch die durch die Invasion der Europäer in Gang gesetzte gewaltsame Enteignung hatte das Verhältnis zwischen Individuen, »Stämmen« und bubu (»Heimatland«) erheblich kompliziert.[54]

Als Roger Hart geboren wurde, hatten die veränderten Lebensbedingungen der Aborigines bereits eine tiefgreifende Anpassung bei der Erbfolge und im sozialen Geflecht innerhalb der Clanzugehörigkeit notwendig gemacht. Die verheerenden Folgen von Umsiedlungen und Krankheiten, gepaart mit der Ausbeutung der Aborigines – Männern wie Frauen – durch die Siedler und Fischer, machten es der Aborigine-Bevölkerung schon schwer genug, sich fortzupflanzen, und noch schwerer, ihr rituelles Brauchtum aufrechtzuerhalten, das zur Organisation in Clans gehörte. Die Invasion der Europäer führte zu massiver Entvölkerung, einer drastischen Verringerung der alten Nahrungs- und Wasserressourcen für die Aborigines, gewaltsamen Umsiedlungen (»Verlegungen«) und Mord (»Zerstreuung«). Zu Beginn des Jahrhunderts hatte die Mehrheit der überlebenden jungen männlichen Aborigines Arbeitsplätze, die sie weit von ihren Lagern wegholten. Viele Aborigine-Frauen wurden aus ihren Clangebieten entführt oder von weißen Arbeitgebern zu diversen Dienstleistungen gezwungen. Immer mehr Aborigine-Mütter bekamen Kinder, deren Väter keine Aborigines waren, was es noch schwieriger machte, »der väterlichen Linie zu folgen«. Gehörten solche Kinder nun zu den Clans der Ehemänner ihrer Mütter? Sollten sie ihren Müttern zugeordnet werden oder gar ihrem Geburtsort? Oder waren sie einfach Außenseiter, Unpersonen?

Bestimmten Clans zugeordnete Stätten wurden oft ganz aufgegeben, und auch die Clans verschwanden, wenn ihre Mitglieder starben oder ihre Zahl so sehr schrumpfte, daß rituelle Verpflichtungen nicht mehr erfüllt und die je nach Jahreszeit erforderliche Ausnutzung ihres Territoriums nicht mehr möglich war. Lager wie das in Barrow Point wurden zu Zufluchtsorten für Menschen aus verschiedensten Gebieten, Durchgangsstationen bei den anhaltenden Wanderungen zwischen europäischen Siedlungen – wo man für Gelegenheitsjobs mit Tabak, Mehl, Decken und anderen Gebrauchsgegenständen entlohnt wurde – und abgelegenen Gebieten, in denen noch die traditionelle Form der Nahrungsbeschaffung und althergebrachte Rituale und Lebensformen möglich waren.

Roger Hart eignete sich sein Wissen über die Gesetze und Gepflogenheiten der Aborigines unter diesen komplexen, unbeständigen Bedingungen an. Die Clanzugehörigkeiten, die er Einzelpersonen heute zuweist, ergeben sich nicht daraus, wo sie gelebt haben, sondern aus dem, was ihm diese Leute über ihre Väter, Großväter oder, bei halbeuropäischen Kindern wie Roger, deren Stiefväter – die Aborigine-Männer ihrer Mütter – erzählt hatten. In Rogers Kindheit lebten diejenigen, die der Gruppierung der »jüngeren Brüder« der Gambiilmugu People angehörten, Seite an Seite mit Angehörigen der »älteren